キータイピングは、人差し指から小指まで、合計8本の指で行うのが基本です。各指が担当するキーは以下の通りです。
スムーズなタイピングが行えるように指のポジションを覚えましょう。

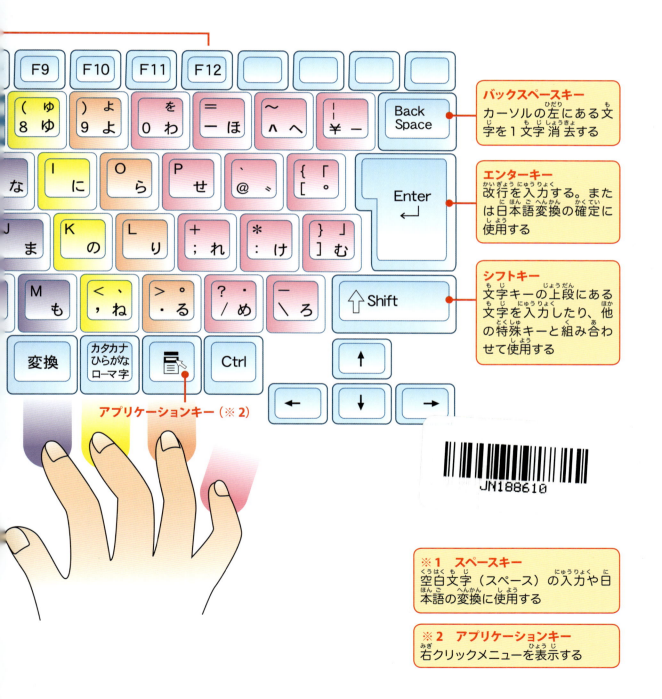

バックスペースキー
カーソルの左にある文字を1文字消去する

エンターキー
改行を入力する。または日本語変換の確定に使用する

シフトキー
文字キーの上段にある文字を入力したり、他の特殊キーと組み合わせて使用する

アプリケーションキー（※2）

※1　スペースキー
空白文字（スペース）の入力や日本語の変換に使用する

※2　アプリケーションキー
右クリックメニューを表示する

留学生(りゅうがくせい)のための

Excel

ドリルブック

Excel 2016 対応

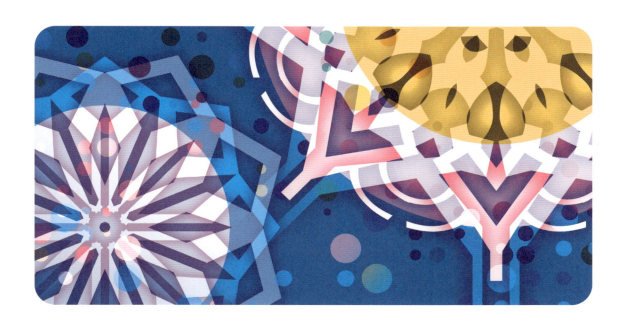

もくじ

Step 01 Excelの基礎知識 6

1.1 Excelの基本用語 6
1.2 ブックとシート 8
1.3 セルの操作 10

Step 02 データの入力 14

2.1 データの種類と表示形式 14
2.2 フォントの書式設定 18
2.3 オートフィル 20
2.4 総合問題 21

Step 03 表の作成 22

3.1 罫線 22
3.2 配置 24
3.3 セルの追加・削除 26
3.4 総合問題 28

Step 04 数式とセル参照 30

4.1 数式 30
4.2 相対参照 34
4.3 絶対参照 35
4.4 総合問題 37

もくじ

Step 05 関数1 40

5.1 オートSUM 40
5.2 「関数の挿入」ダイアログボックス 43
5.3 総合問題 46

Step 06 関数2 48

6.1 関数IF 48
6.2 関数IFの組み合わせ 50
6.3 総合問題 51

Step 07 グラフの作成 53

7.1 棒グラフ 54
7.2 グラフ要素の確認 56
7.3 円グラフ 57
7.4 折れ線グラフ 58
7.5 総合問題 60

Step 08 印刷のページ設定 63

8.1 ページ設定 63
8.2 総合問題 66

3

Step 09 抽出と並べ替え 68

9.1 データの抽出 69

9.2 並べ替え 71

9.3 テーブル 74

9.4 総合問題 76

Step 10 条件付き書式とスパークライン 79

10.1 条件付き書式 79

10.2 スパークライン 84

10.3 総合問題 86

Step 11 画像と図形 88

11.1 画像 89

11.2 図形 92

11.3 総合問題 93

Step 12 総合問題 94

12.1 総合問題1 94

12.2 総合問題2 96

12.3 総合問題3 100

12.4 総合問題4 103

12.5 総合問題5 106

本書に掲載している問題の「入力用ファイル」や「完成例のファイル」は、
以下の URL からダウンロードできます。

◆ Excel ファイルのダウンロード URL
　http://cutt.jp/books/978-4-87783-798-3/sample.zip

Step 01 Excel の基礎知識

1.1 Excel の基本用語

1. Excel について、名称を（　）に答えましょう。

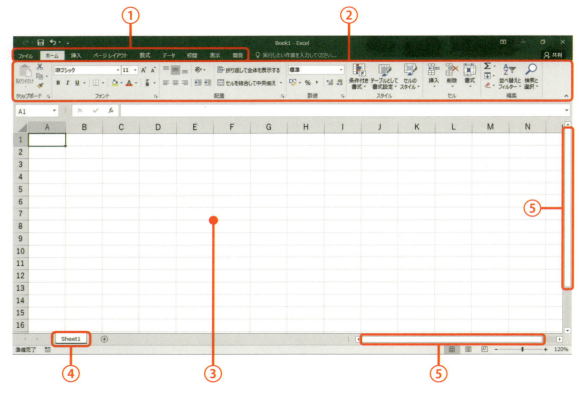

① (　　　　　　　　)　② (　　　　　　　　)　③ (　　　　　　　　)

④ (　　　　　　　　)　⑤ (　　　　　　　　)

＜ 1.1 の解答＞

1. ①タブ　②リボン　③セル　④シート見出し　⑤スクロールバー
2. ①ワークシート　②数式バー　③列　④行　⑤名前ボックス

MEMO

タイトルバーの構成は以下の図のようになっています。

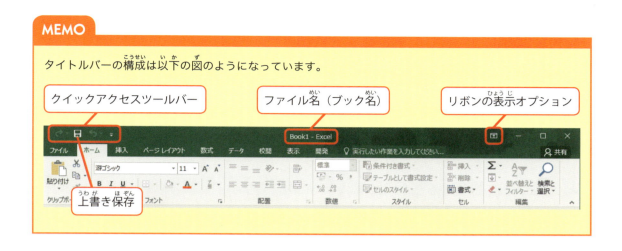

2. Excelのデータ入力について、以下の図を参考にしながら（　　）に当てはまる言葉を答えましょう。

> データを入力するときは、最初にシートを選びます。このシートを（ ① ）といいます。次に、データを入力するセルを選びます。これをアクティブセルといいます。アクティブセルのデータは（ ② ）に表示されます。セルにカーソルを合わせても、（ ② ）にカーソルを合わせてもデータを入力できます。アクティブセルの番地は（ ③ ）と（ ④ ）の組み合わせで、（ ⑤ ）に表示されます。以下の図ではC3番地です。

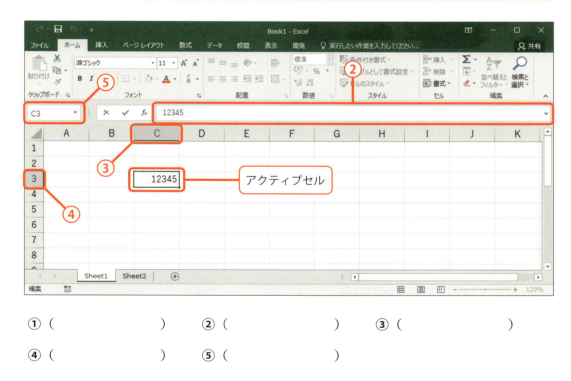

① （　　　　　　　　　）　② （　　　　　　　　　）　③ （　　　　　　　　　）

④ （　　　　　　　　　）　⑤ （　　　　　　　　　）

3. Excelの起動方法を確認しましょう。

（1） Windowsのスタートメニューから Excel を起動します。

（2） アプリケーションの一覧から Excel を起動します。

（3） エクスプローラーから Excel を起動します。

1.2 ブックとシート

1. 新しいブックを開き、シートを追加して「Sheet1」～「Sheet5」を作成しましょう。

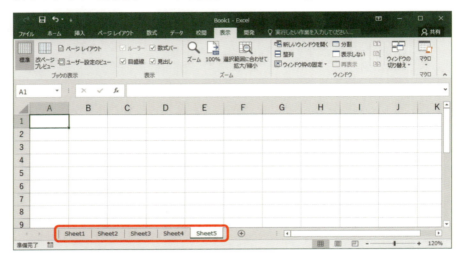

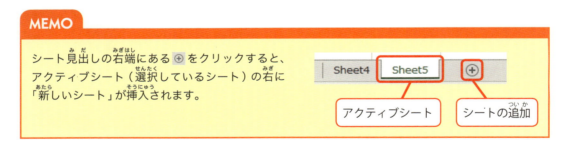

シート見出しの右端にある ⊕ をクリックすると、アクティブシート（選択しているシート）の右に「新しいシート」が挿入されます。

2. シートの名前を以下のように変更しましょう。

　　　　Sheet1：赤　　　Sheet2：青　　　Sheet3：緑　　　Sheet4：黄色　　　Sheet5：オレンジ

3. ブックに名前をつけて保存しましょう。

　　　ファイル名..................BookとSheet.xlsx

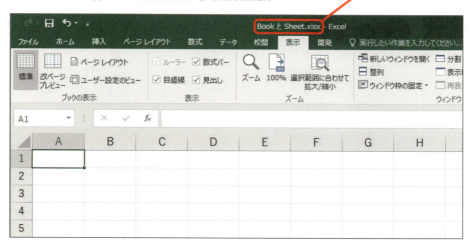

4. シート見出しの色を変更しましょう。

MEMO

アクティブシートは色が薄くなる（または白色）で表示されます。左の例では「赤」がアクティブシートになります。

5. 「黄色」のシートを「赤」の後ろに移動しましょう。

6. 「緑」のシートを削除しましょう。

7. ブックを「上書き保存」しましょう。

MEMO

「シート見出し」を右クリックすると、シートの操作に関連するメニューが表示されます。

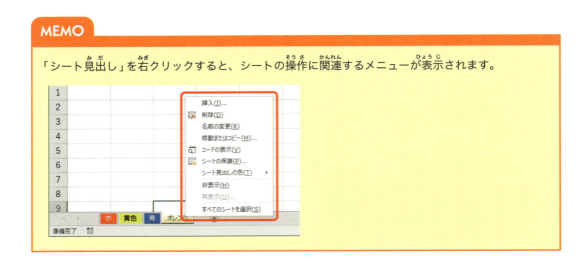

1.3 セルの操作

新規ブックを開いて、セルを選択する練習をしましょう。

1. B2 セルを選択し、「塗りつぶしの色」を青にしましょう。

MEMO

背景色を変更するときは、[ホーム]タブにある「塗りつぶしの色」を使用します。

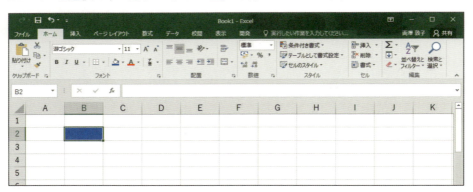

2. 7行を選択し、「塗りつぶしの色」を赤にしましょう。

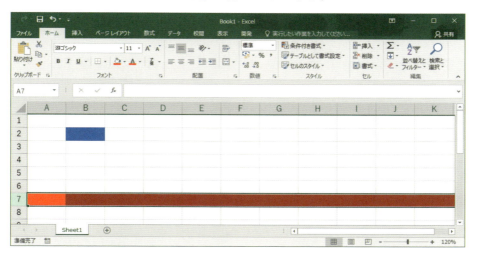

3. J列を選択し、「塗りつぶしの色」を黄色にしましょう。

Step 01　Excelの基礎知識 | 11

4. D2～E5 のセル範囲をドラッグして選択し、「塗りつぶしの色」を緑にしましょう。

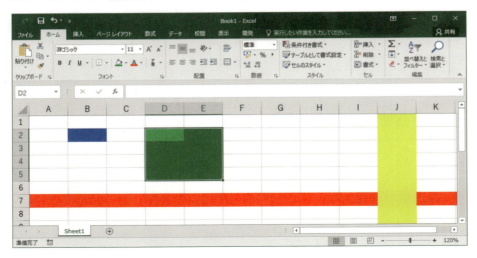

5. G1、G3、G5 のセルを同時に選択し、「塗りつぶしの色」をオレンジにしましょう。

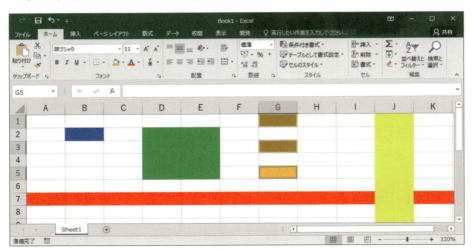

> **MEMO**
>
> 離れたセルを同時に選択するときは、[Ctrl]キーを押しながらセルをクリックしていきます。

6. ファイルに名前をつけて保存しましょう。
   ・ファイル名................... 1-3 セル操作 .xlsx

7. 新しいシートを追加し、B2～I9とK2～K9のセル範囲を同時に選択して「塗りつぶしの色」を「薄い緑」にしましょう。その後、保存しましょう。

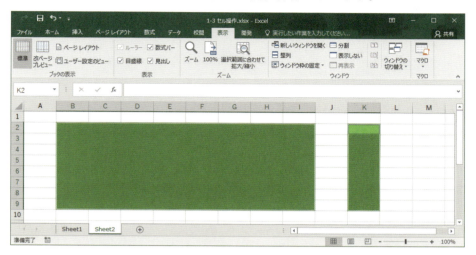

MEMO

広い範囲を選択するときは［Shift］キーを押しながら、対角線上のセルを選択します。上図の場合、B2セルをクリックして選択し、続いて［Shift］キーを押しながらI9セルをクリックします。

MEMO

ワークシート全体を選択するときは、［すべて選択］ボタンを使用します。

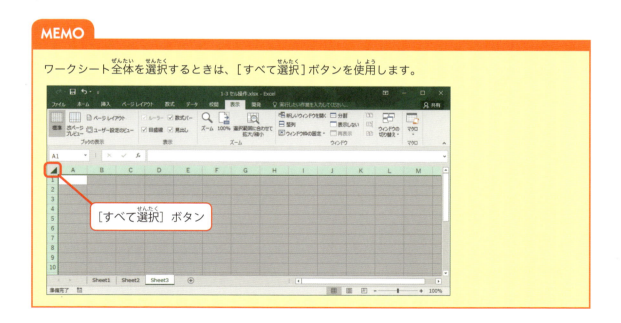

Step 01　Excelの基礎知識　**13**

2.1 データの種類と表示形式

ここでは[ホーム]タブの「数値」グループを使用します。

1. 新しいブックを開き、次のように文字列データを入力しましょう（数値・日付も文字列として入力します）。

> **MEMO**
>
> 数値を文字列として入力するときは、先頭にシングルクォーテーション（'）を入力します。
>
> 文字列として入力した場合は、数字の途中にスペースを入れることもできます。
>
> ■数式バー　　　　　　　　　　■ワークシート

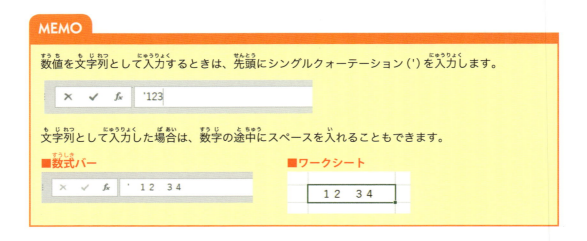

2. 新しいシートを追加して、次のように数値データを入力しましょう。

	A	B	C	D	E	F	G	H
1								
2		1234567	123.567	12.56	-1234567	-123.567		
3								
4		1	0	0.12	-0.12	-0.123		
5								
6								

（1） 表示形式を次のように設定しましょう。
- 2行目 .... 通貨
- 3行目 .... パーセント スタイル

> 通貨を指定すると、
> このように表示される

	A	B	C	D	E	F	G
1							
2		¥1,234,567	¥124	¥13	(¥1,234,567)	(¥124)	
3							
4		100%	0%	12%	-12%	-12%	
5							

（2） 2行目を「標準」の表示形式に戻して、小数点以下の桁数を4桁にしましょう（数字を入力していない桁にはゼロが表示されます）。

	A	B	C	D	E	F	G	H
1								
2		1234567.0000	123.5670	12.5600	-1234567.0000	-123.5670		
3								
4		100%	0%	12%	-12%	-12%		
5								
6								

（3） 小数点以下の桁数を2桁にしましょう。小数点以下3桁で四捨五入されます。

	A	B	C	D	E	F	G	H
1								
2		1234567.00	123.57	12.56	-1234567.00	-123.57		
3								
4		100.00%	0.00%	12.00%	-12.00%	-12.30%		
5								
6								

MEMO

小数点以下3桁で四捨五入とは、小数点以下3桁の数字が5以上のときは繰り上げ（小数点以下2桁目に1を足す）、4以下のときは繰り下げ（小数点以下2桁目はそのまま）にすることです。

（例）12.345 → 12.35
　　 12.344 → 12.34

MEMO

［ホーム］タブの「数値」グループにある 🔽 をクリックすると、「セルの書式設定」ダイアログボックスが表示されます。ここで［表示形式］タブを選択すると、数値の表示形式を設定できます。小数点以下の桁数、桁区切り(,)の有無、負の数(ゼロより小さい数値)の表示形式なども指定できます。

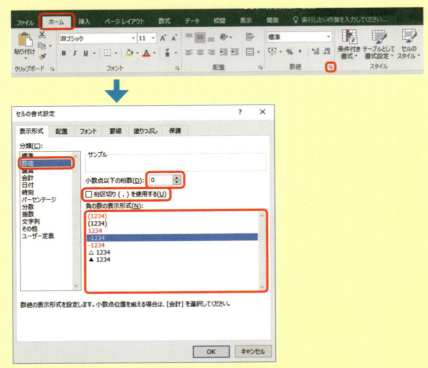

MEMO

セル内にデータを表示しきれない場合は、下図のように表示されます。この場合は、列番号の右端にマウスポインタを合わせて ✚ の形状になったときにドラッグすると、列の幅を調整することができます。

■数値の場合

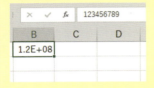

■日付の場合

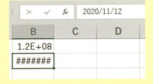

■セルの幅を広げる操作

3. 新しいシートを追加して、次のように日付データを入力しましょう。

	A	B	C	D	E	F	G	H	I
1									
2		2018/2/8		2018/5/31		2019/5/1		2019/12/29	
3									
4		2018/2/8		2018/5/31		2019/5/1		2019/12/29	
5									
6									

（1）表示形式を次のように設定しましょう。
　　・2行目 ………… グレゴリオ暦（西暦）
　　・4行目 ………… 和暦

漢字の読み：平成、令和

	A	B	C	D	E	F	G	H	I
1									
2		2018/2/8		2018年5月31日		2019/5/1		2019年12月29日	
3									
4		H30.2.8		平成30年5月31日		R1.5.1		令和1年12月29日	
5									
6									

MEMO

「セルの書式設定」ダイアログボックスを表示して［表示形式］タブを選択すると、日付の表示形式を設定できます。グレゴリオ暦と和暦（日本の暦）について表示形式を設定できます。

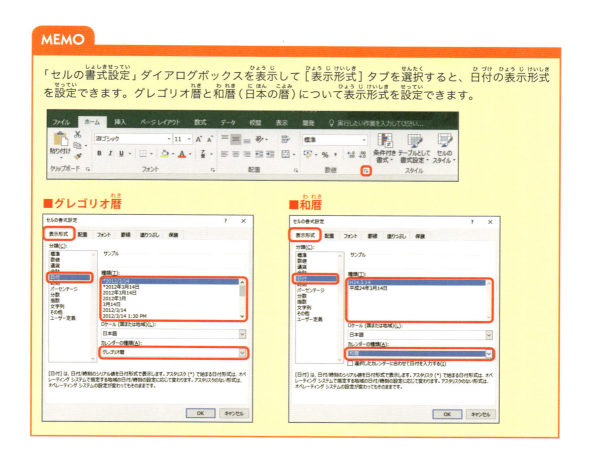

Step 02　データの入力　**17**

2.2 フォントの書式設定

ここでは［ホーム］タブの「フォント」グループを使用します。

1. 新しいシートを追加して、次のようにデータを入力しましょう。
   - B列 .... 文字列
   - D列 .... 数値（小数点以下の表示桁数を増やす）
   - F列 .... 日付（表示形式を下図のように設定）

   漢字の読み：桜

	A	B	C	D	E	F	G
1							
2		SAKURA		12345		6月24日	
3		さくら		123.5		1998/12/3	
4		桜		12.5		H10.11.20	
5		１２３４		-12.56		令和2年1月3日	
6							

2. A1～F5のセル範囲をコピーし、A6～F10のセル範囲に貼り付けます。続いて、フォントを次のように変更しましょう。
   - 7行目 .... フォント：HGP創英角ポップ体、16pt
   - 8行目 .... 太字
   - 9行目 .... 斜体
   - 10行目 .... 下線

	A	B	C	D	E	F	G
6							
7		**SAKURA**		**12345**		**6月24日**	
8		**さくら**		**123.5**		**1998/12/3**	
9		*桜*		*12.5*		*H10.11.20*	
10		<u>１２３４</u>		<u>-12.56</u>		<u>令和2年1月3日</u>	
11							

3. A1～F5のセル範囲をコピーし、A11～F15のセル範囲に貼り付けます。続いて、背景とフォントの色を次のように変更しましょう。

- B12～F12 .... 塗りつぶしの色：黄色
- B13～F13 .... フォントの色：赤
- B14 .... ルビ（フリガナを表示する）
- B15、D15、F15 .... 塗りつぶしの色：青、フォントの色：白、太字

MEMO

セルの背景色は[ホーム]タブにある「塗りつぶしの色」で指定します。文字の色は[ホーム]タブにある「フォントの色」で指定します。

■塗りつぶしの色　　　　　　■フォントの色

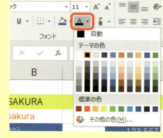

MEMO

コピー・切り取り・貼り付けの各操作は、対象のセル（またはセル範囲）を選択して、以下のアイコンまたはショートカットで実行できます。

操作	アイコン	ショートカットキー
コピー		[CTRL]＋[C]キー
切り取り		[CTRL]＋[X]キー
貼り付け		[CTRL]＋[V]キー

Step 02　データの入力 | 19

2.3 オートフィル

1. 新しいシートを追加して、次のようにデータを入力しましょう。

	A	B	C	D	E	F	G	H	I
1	1	20	月	1月	January	6月23日	平成31年4月26日	ＡＡ００１	
2									
3									
4									
5									
6									
7									

2. オートフィルを使用して、連続データを入力しましょう。

	A	B	C	D	E	F	G	H	I
1	1	20	月	1月	January	6月23日	平成31年4月26日	ＡＡ００１	
2	2	21	火	2月	February	6月24日	平成31年4月27日	ＡＡ００２	
3	3	22	水	3月	March	6月25日	平成31年4月28日	ＡＡ００３	
4	4	23	木	4月	April	6月26日	平成31年4月29日	ＡＡ００４	
5	5	24	金	5月	May	6月27日	平成31年4月30日	ＡＡ００５	
6	6	25	土	6月	June	6月28日	令和1年5月1日	ＡＡ００６	
7	7	26	日	7月	July	6月29日	令和1年5月2日	ＡＡ００７	
8	8	27	月	8月	August	6月30日	令和1年5月3日	ＡＡ００８	
9	9	28	火	9月	September	7月1日	令和1年5月4日	ＡＡ００９	
10	10	29	水	10月	October	7月2日	令和1年5月5日	ＡＡ０１０	
11									

MEMO

オートフィルを使うと、選択しているセルの「データや書式のコピー」、「連続データの作成」などが実行できます。

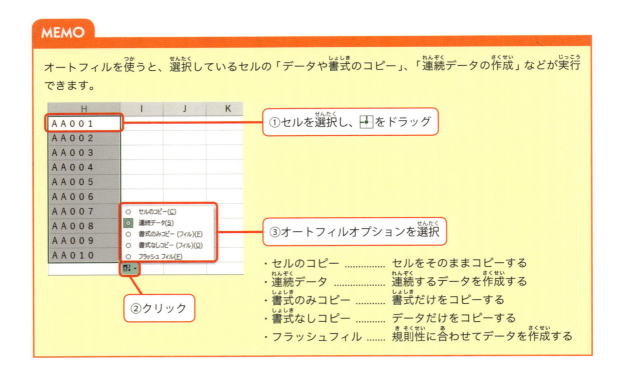

① セルを選択し、 をドラッグ
② クリック
③ オートフィルオプションを選択

・セルのコピー .... セルをそのままコピーする
・連続データ .... 連続するデータを作成する
・書式のみコピー .... 書式だけをコピーする
・書式なしコピー .... データだけをコピーする
・フラッシュフィル .... 規則性に合わせてデータを作成する

2.4 総合問題

1. 次のような表を作成しましょう。

＜完成例＞

	A	B	C	D	E	F	G	H	I	J
1	NO.	氏名	性別	生年月日	身長	体重	出身	名	出身：性別	生まれた月
2	1	さとう しゅん	男	平成11年5月3日	179	78.2	東京	さとう	東京：男	5月
3	2	やまだ みさき	女	平成7年8月14日	162	54.4	東京	やまだ	東京：女	8月
4	3	はやさか ゆう	男	平成9年9月5日	172	63.0	東京	はやさか	東京：男	9月
5	4	おくの つばさ	男	平成11年9月26日	183	70.0	横浜	おくの	横浜：男	9月
6	5	さとう ゆい	女	平成10年11月7日	159	48.5	横浜	さとう	横浜：女	11月
7	6	もり ひかる	男	平成11年12月23日	177	68.2	横浜	もり	横浜：男	12月
8										

＜手順＞

(1) 新しいブックを開き、次のように初期データを入力します（STEP02_入力.xlsx）。

漢字の読み：氏名、性別、生年月日、身長、体重、出身、生まれた月、東京、横浜

	A	B	C	D	E	F	G	H	I	J	K
1	ＮＯ.	氏名	性別	生年月日	身長	体重	出身	名	出身：性別	生まれた月	
2	1	さとう しゅん	男	1999/5/3	178.5	78.2	東京	さとう	東京:男	5月	
3		やまだ みさき	女	1995/8/14	162	54.4					
4		はやさか ゆう	男	1997/9/5	172.3	63					
5		おくの つばさ	男	1999/9/26	183	70	横浜				
6		さとう ゆい	女	1998/11/7	158.5	48.5					
7		もり ひかる	男	1999/12/23	176.5	68.2					

(2) **1行**：A1～J1のセル範囲を選択し、文字の書式を「太字」にして「塗りつぶしの色」を黄色に設定します。

(3) **A列**：A2セルを選択し、A7セルまでオートフィルで連続データを入力します。

(4) **D列**：表示形式を「和暦」にします。

(5) **E列**：E2～E7を選択し、小数点以下を表示しないように設定します。また、170以上のデータに下線を設定します。

(6) **F列**：F2～F7を選択し、小数点以下第1位まで表示します。また、70以上のデータの「フォントの色」を赤にします。

(7) **G列**：G2セルを選択し、G4セルまでオートフィルでコピーします。次に、G5セルを選択し、G7セルまでオートフィルでコピーします。

(8) **H列**：H2セルを選択し、H7セルまでフラッシュフィルでデータを入力します。

(9) **I列**：I2セルを選択し、I7セルまでフラッシュフィルでデータを入力します。

(10) **J列**：J2セルを選択し、J7セルまでフラッシュフィルでデータを入力します。

(11) **A1～J7のセル範囲**を選択し、フォントを「ＭＳ Ｐゴシック」、12ptに設定します。

(12) **H～J列**：性別が「女」のデータの「塗りつぶしの色」をピンクに設定します。
　　　※「その他の色」から選択します。

Step 02　データの入力

Step 03 表の作成

3.1 罫線

ここでは［ホーム］タブにある「罫線」コマンドを使用します。

1. 「STEP03_入力.xlsx」を開き、「STEP03_1」のシートを選択しましょう。

	A	B	C	D	E	F	G
1	NO	店員	1月	2月	3月	合計	
2	1	アルバイトA	¥100,000	¥80,000		¥280,000	
3	2	アルバイトB	¥110,000	¥88,000	¥110,000	¥308,000	
4	3	アルバイトC			¥88,000	¥88,000	
5							

2. 表全体に罫線を設定します。表の範囲（A1～F4）を選択し、「罫線」コマンドから「格子」を選択しましょう。

	A	B	C	D	E	F	G
1	NO	店員	1月	2月	3月	合計	
2	1	アルバイトA	¥100,000	¥80,000		¥280,000	
3	2	アルバイトB	¥110,000	¥88,000	¥110,000	¥308,000	
4	3	アルバイトC			¥88,000	¥88,000	
5							

3. 表の外側に太線の罫線を設定します。表の範囲（A1～F4）を選択し、「罫線」コマンドから「太い外枠」を選択しましょう。

	A	B	C	D	E	F	G
1	NO	店員	1月	2月	3月	合計	
2	1	アルバイトA	¥100,000	¥80,000		¥280,000	
3	2	アルバイトB	¥110,000	¥88,000	¥110,000	¥308,000	
4	3	アルバイトC			¥88,000	¥88,000	
5							

4. 「1行目の下の線」を二重線にします。A1〜F1のセル範囲を選択し、「罫線」コマンドから「下二重罫線」を選択しましょう。

	A	B	C	D	E	F	G
1	NO	店員	1月	2月	3月	合計	
2	1	アルバイトA	¥100,000	¥80,000		¥280,000	
3	2	アルバイトB	¥110,000	¥88,000	¥110,000	¥308,000	
4	3	アルバイトC			¥88,000	¥88,000	
5							

5. 空白セル（E2、C3、D3）に斜めの罫線を設定します。対象のセルを選択して「罫線」から「その他の罫線」を選択し、「セルの書式設定」ダイアログボックスで斜線を指定しましょう（下記のMemoを参照）。

	A	B	C	D	E	F	G
1	NO	店員	1月	2月	3月	合計	
2	1	アルバイトA	¥100,000	¥80,000	╱	¥280,000	
3	2	アルバイトB	¥110,000	¥88,000	¥110,000	¥308,000	
4	3	アルバイトC	╱	╱	¥88,000	¥88,000	
5							

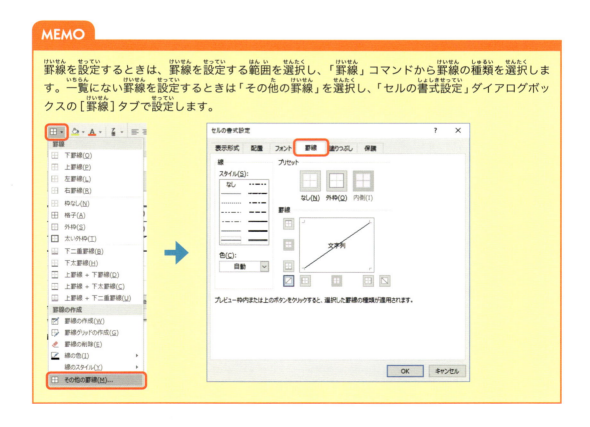

MEMO

罫線を設定するときは、罫線を設定する範囲を選択し、「罫線」コマンドから罫線の種類を選択します。一覧にない罫線を設定するときは「その他の罫線」を選択し、「セルの書式設定」ダイアログボックスの[罫線]タブで設定します。

3.2 配置

ここでは［ホーム］タブの「配置」グループを主に使用します。セルの高さや幅を正確に設定するときは、［ホーム］タブにある「書式」コマンドを使用します。

1. 「STEP03_入力.xlsx」を開き、「STEP03_2」のシートを選択しましょう。
   ※出典：外務省Webサイト（https://www.mofa.go.jp/mofaj/area/index.html）より

2. セルの幅を次のように設定しましょう。

   A列：9　　B～E列：23　　F列：15

3. タイトル行（1行目）の書式を次のように設定しましょう。

   ・フォント .... 太字
   ・塗りつぶしの色 .... 青 アクセント1, 白＋基本色80%
   ・配置 .... 中央揃え

4. 文字数が多い列の配置を次のように設定しましょう。
   - ・C列：折り返して全体を表示する　　　　・D列：縮小して全体を表示する
   - ・F2 〜 F7：右揃え

	A	B	C	D	E	F
1	地域	国名		首都	言語	面積
2	北米	アメリカ合衆国	United States of America	ワシントンDC	英語	9,628,000km²
3	北米	カナダ	Canada	オタワ	英語・フランス語	9,985,000km²
4	欧州	ウズベキスタン共和国	Republic of Uzbekistan	タシケント	ウズベク語	447,400km²
5	アジア	スリランカ民主社会主義共和国	Democratic Socialist Republic of Sri Lanka	スリ・ジャヤワルダナプラ・コッテ	シンハラ語，タミル語	65,610km²
6	アジア	ネパール連邦民主共和国	Federal Democratic Republic of Nepal	カトマンズ	ネパール語	147,000km²
7	アジア	ベトナム社会主義共和国	Socialist Republic of Viet Nam	ハノイ	ベトナム語	329,241km²

5. 次のセルを結合し、文字の方向を設定しましょう。
   - ・横の結合：B1 と C1　　　　　　　　・縦の結合：A2 と A3、A5 〜 A7
   - ・A列：文字列の方向を縦にして、中央揃えにする

	A	B	C	D	E	F
1	地域	国名		首都	言語	面積
2	北米	アメリカ合衆国	United States of America	ワシントンDC	英語	9,628,000km²
3		カナダ	Canada	オタワ	英語・フランス語	9,985,000km²
4	欧州	ウズベキスタン共和国	Republic of Uzbekistan	タシケント	ウズベク語	447,400km²
5	アジア	スリランカ民主社会主義共和国	Democratic Socialist Republic of Sri Lanka	スリ・ジャヤワルダナプラ・コッテ	シンハラ語，タミル語	65,610km²
6		ネパール連邦民主共和国	Federal Democratic Republic of Nepal	カトマンズ	ネパール語	147,000km²
7		ベトナム社会主義共和国	Socialist Republic of Viet Nam	ハノイ	ベトナム語	329,241km²

6. 表の範囲（A1 〜 F7）を選択して、格子の罫線を設定しましょう。また、C7 セルのデータを「Sosialist Republic of」の後で改行しましょう。

	A	B	C	D	E	F
1	地域	国名		首都	言語	面積
2	北米	アメリカ合衆国	United States of America	ワシントンDC	英語	9,628,000km²
3		カナダ	Canada	オタワ	英語・フランス語	9,985,000km²
4	欧州	ウズベキスタン共和国	Republic of Uzbekistan	タシケント	ウズベク語	447,400km²
5	アジア	スリランカ民主社会主義共和国	Democratic Socialist Republic of Sri Lanka	スリ・ジャヤワルダナプラ・コッテ	シンハラ語，タミル語	65,610km²
6		ネパール連邦民主共和国	Federal Democratic Republic of Nepal	カトマンズ	ネパール語	147,000km²
7		ベトナム社会主義共和国	Socialist Republic of Viet Nam	ハノイ	ベトナム語	329,241km²
8						

MEMO

［Alt］キーと［Enter］キーを同時に押すと、セル内で改行できます。

3.3 セルの追加・削除

ここでは［ホーム］タブの「セル」グループを使用します。

1. 「STEP03_入力.xlsx」を開き、「STEP03_3」のシートを選択しましょう。

	A	B	C	D	E	F
1		1月売上高				
2						
3			コーラ	オレンジジュース	リンゴジュース	
4		A店	¥2,000,000	¥2,200,000	¥2,000,000	
5		B店	¥1,500,000	¥1,700,000	¥1,800,000	
6		C店	¥1,600,000	¥1,800,000	¥1,700,000	
7						

2. 次のように行、列を追加しましょう。
   - 行：6行目の前に2行追加し、書式をクリアします
   - 列：D列の左に1列追加し、左の列と同じ書式にします

	A	B	C	D	E	F	G
1		1月売上高					
2							
3			コーラ		オレンジジュース	リンゴジュース	
4		A店	¥2,000,000		¥2,200,000	¥2,000,000	
5							
6							
7		B店	¥1,500,000		¥1,700,000	¥1,800,000	
8		C店	¥1,600,000		¥1,800,000	¥1,700,000	
9							

> **MEMO**
>
> 行は「選択している行の上」に追加されます。列は「選択している列の左」に追加されます。複数の行または列を選択すると、その数だけ行または列が追加されます。新しく追加した行または列の書式は、挿入オプションで指定できます。
>
>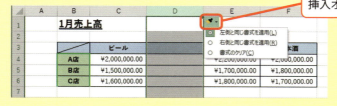

3. 手順2で追加した行（5～6行目）と列（D列）を削除して、元に戻しましょう。

4. D3～D6を選択して、セルを追加しましょう。セルの挿入オプションは「右方向にシフト」を選択します。

	A	B	C	D	E	F	G
1		**1月売上高**					
2							
3			コーラ		オレンジジュース	ンゴジュース	
4		A店	¥2,000,000		¥2,200,000	#######	
5		B店	¥1,500,000		¥1,700,000	#######	
6		C店	¥1,600,000		¥1,800,000	#######	
7							

5. D3～D6に以下のデータを入力し、F列の幅を設定しましょう。

　　　　D3：サイダー　　D4：2500000　　D5：1800000　　D6：1500000
　　　　F列：幅　15.13

	A	B	C	D	E	F	G
1		**1月売上高**					
2							
3			コーラ	サイダー	オレンジジュース	リンゴジュース	
4		A店	¥2,000,000	¥2,500,000	¥2,200,000	¥2,000,000	
5		B店	¥1,500,000	¥1,800,000	¥1,700,000	¥1,800,000	
6		C店	¥1,600,000	¥1,500,000	¥1,800,000	¥1,700,000	
7							

MEMO

［ホーム］タブにある「挿入」コマンドは、行を選択しているときは「行の挿入」、列を選択しているときは「列の挿入」として機能します。セルを挿入するときは▼から「セルの挿入」を選択し、挿入する方法を指定します。

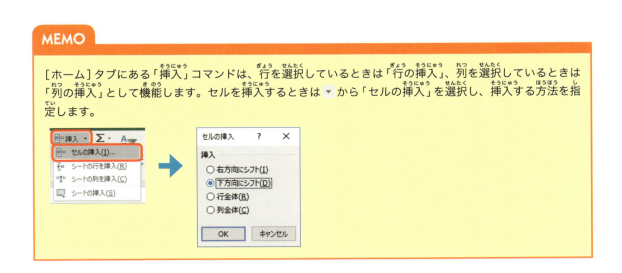

Step 03　表の作成　**27**

3.4 総合問題

1. 「STEP03_入力.xlsx」を開き、「STEP03_4(1)」のシートにある表を下図のように編集しましょう。

＜完成例＞

	A	B	C	D	E	F	G	H	I
1				アルバイト支払い一覧表					
2	NO	氏名	1月	2月	3月	4月	5月	6月	
3	1	アルバイトA	¥100,000	¥80,000	¥100,000	¥80,000	¥80,000	¥80,000	
4	2	アルバイトB	¥110,000	¥88,000	¥110,000	¥88,000	¥88,000	¥88,000	
5	3	アルバイトC			¥130,000	¥70,400	¥70,400	¥70,400	
6	4	アルバイトD	¥130,000	¥60,000	¥60,000	¥60,000	¥72,000	¥72,000	
7	5	アルバイトE	¥88,000	¥66,000	¥66,000	¥66,000	¥79,200	¥79,200	
8	6	アルバイトF	¥96,000	¥72,000	¥150,000	¥72,000	¥78,000	¥86,400	
9									

＜手順＞

(1) A1 ～ H7 の文字の書式を「ＭＳ Ｐゴシック、12pt」に設定します。

(2) 1 行目の上に行を挿入します。挿入した行の A1 ～ H1 を結合し、「アルバイト支払い一覧表」と入力し、文字の書式を設定します。
　　　・文字の書式 .... ＭＳ Ｐゴシック、16pt、太字、下線

(3) A2 ～ H2 の「文字の書式」と「塗りつぶしの色」を設定します。
　　　・文字の書式 .... 中央揃え、太字
　　　・塗りつぶしの色 .... 緑、アクセント 6, 白＋基本色 60％

(4) 1 行目の高さを 50.25、2 ～ 8 行目の高さを 22.5 に設定します。

(5) B 列の幅を 13.38、C ～ H 列の幅を 10.13 に設定します。

(6) A2 ～ H8 の範囲に「格子」の罫線を設定します。
　　　・線の色：青　　　・線のスタイル：点線

(7) A2 ～ H8 と A2 ～ H2 の範囲に黒色の「太い外枠」の罫線を設定します。
　　　・線の色：黒　　　・線のスタイル：実線

(8) B2 ～ B8 の範囲に「右罫線」を設定します。
　　　・線の色：青　　　・線のスタイル：二重罫線

(9) 金額が 13 万以上のセルは、フォントの色を「赤」にします。

(10) C5 と D5 のセルに「斜線」を設定します。
　　　・線の色：青　　　・線のスタイル：点線

28

2. 「STEP03_入力.xlsx」を開き、「STEP03_4(2)」のシートを下図のように編集しましょう。

＜完成例＞

	A	B	C	D	E	F	G	H	I	J	K	L	M	N	O	P
1							**7月シフト表**									
2	**日付**		**アルバイトA**			**アルバイトB**			**アルバイトC**			**アルバイトD**			**メモ**	
3	7月1日	月	AM							PM				night		
4	7月2日	火														
5	7月3日	水		PM				night	AM							
6	7月4日	木														
7	7月5日	金		night	AM								PM			
8	7月6日	土														
9	7月7日	日			PM					night	AM					
10	7月8日	月														
11	7月9日	火	AM					PM					night			
12	7月10日	水														

※ 表全体の様子は、「STEP03_完成例.xlsx」のシート「STEP03_4(2)」で確認してください。

＜手順＞

(1) 1行目の高さを39、2～33行目の高さを22に設定します。

(2) A列の幅を9.0、B～N列の幅を4.0、O列の幅を10.0に設定します。

(3) A1～O1を結合し、文字の書式を「16pt、太字、下線」に設定します。

(4) A2～B2を結合します。

(5) C2～E2を結合して「アルバイトA」と入力します。同様に、F2～H2を結合して「アルバイトB」、I2～K2を結合して「アルバイトC」、L2～N2を結合して「アルバイトD」と入力します。また、O2に「メモ」と入力します。

(6) A2～O2の範囲に次の書式を設定します。
   ・文字の書式 .... 太字、中央揃え
   ・塗りつぶしの色 .... ゴールド、アクセント4、白＋基本色60%

(7) A3～B33の範囲に「太字」を設定し、B3～B33の配置を「中央揃え」にします。

(8) A3～O33の範囲に「格子」の罫線を設定します。
   ・線の色：青　　・線のスタイル：点線

(9) 完成例のように「AM」「PM」「night」のシフトを設定します。同じシフトが2日間続くときはセルを結合します。

(10) 以下に示した範囲に黒色の「太い外枠」の罫線を設定します。
   A2～O2、A2～B33、C2～E33、F2～H33、I2～K33、L2～N33、O2～O33

Step 03 表の作成 **29**

Step 04 数式とセル参照

4.1 数式

1. 「STEP04_入力.xlsx」を開き、「STEP04_1」のシートを選択しましょう。この表は「Aさん、Bさんが買った果物の個数」を示しています。

	A	B	C	D
1	Aさん、Bさんが買った果物の個数			
2		Aさん	Bさん	
3	りんご	1	1	
4	みかん	2	2	
5	バナナ	3	3	
6	合計			
7				

2. 6行目の合計欄に、次のように数式を入力しましょう。

   (1) B6セルに「数字を使った数式」を入力しましょう。

   (2) C6セルに「セルを参照した数式」を入力しましょう。

   > **MEMO**
   > 数式バーに「＝」を入力したあと、参照するセルをクリックすると、数式バーにセル番地が入力されます。これをセルの参照といいます。

   ＜完成例＞

	A	B	C	D
1	Aさん、Bさんが買った果物の個数			
2		Aさん	Bさん	
3	りんご	1	1	
4	みかん	2	2	
5	バナナ	3	3	
6	合計	6	6	
7				

3. 「りんご」の個数を 5 個に変更します。B3 ～ C3 のセルに「5」を入力しましょう。

   （1） B6 セルの合計が合わなくなります。

   （2） B6 セルの数式を次のように修正しましょう。

   | B6 | ▼ | : | × | ✓ | fx | =5+2+3 |

4. 「バナナ」の下に行を追加して「メロン」の欄を作成し、個数（B6 ～ C6）に「6」を入力しましょう。

   （1） 合計欄（B7 ～ C7）の値が合わなくなります。

   （2） B7 セルの数式を次のように修正しましょう。

   （3） C7 セルの数式を次のように修正しましょう。

<完成例>

MEMO

「=」に続けて数字や文字を入力すると、数式になります。数式バーには「数式」、セルには「数式の計算結果」が表示されます。

● =数値

数式バーには「=数値」と表示され、セルには「数値」だけが表示されます。

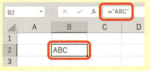

● ="文字"

文字は「"」で囲って入力します。「=文字」のように入力するとエラーになります。

・正しい例　　　　　　　　・エラーの例

● =計算式

数式バーには「=数式」と表示され、セルには「計算結果」が表示されます。

● =セル番地

数式バーには「=セル番地」と表示され、セルには「セル番地で指定したセルの内容」が表示されます。これをセル参照といいます。セル参照を使用した計算もできます。

・セル参照の例　　　　　　・計算の例

MEMO

四則演算の記号は、以下の表のとおりです。数式が参照するセルが数値でなかった場合はエラーになります。

計算に使う記号		数式の例（数値）	数式の例（セル参照）
たし算（和）	+	=1+1	=A1+B1
ひき算（差）	−	=5−4	=A1−B1
かけ算（積）	*	=3*2	=A1*B1
割り算（商）	/	=8/4	=A1/B1

●数式の入力例

C列とD列に数式を入力した例です。［数式］タブにある「数式の表示」コマンドをクリックすると、数式の内容を表示できます。

	A	B	C	D
1	1	1	=1+1	=A1+B1
2	5	4	=5-4	=A2-B2
3	3	2	=3*2	=A3*B3
4	8	4	=8/4	=A4/B4
5				
6	8	4	=(8+4)/2	=(A6+B6)/2
7	8	4	=8+4/2	=A7+B7/2
8				
9	aaa	2	=A9+B9	
10				

数値で数式を入力　　　セル参照で数式を入力

●計算結果の表示例

もういちど「数式の表示」コマンドをクリックしてOFFにすると、数式の計算結果がセルに表示されます。

	A	B	C	D	E
1	1	1	2	2	
2	5	4	1	1	
3	3	2	6	6	
4	8	4	2	2	
5					
6	8	4	6	6	
7	8	4	10	10	
8					
9	aaa	2	#VALUE!		
10					

エラーの例

参照しているA9セルが文字列になるため、エラーとなります。

Step 04　数式とセル参照　**33**

4.2 相対参照

1. 「STEP04_入力.xlsx」を開き、「STEP04_2」のシートを選択しましょう。この表は「Aさんが買った果物の個数、金額」をまとめたものです。

2. D3セルに「りんご」の金額を計算する数式「=B3*C3」を入力し、D6セルまでオートフィルでコピーしましょう。また、C7セルに個数の合計を求める数式「=C3+C4+C5+C6」を入力し、D7セルまでオートフィルでコピーしましょう。その後、D7セルの表示形式を通貨にします。

3. [数式]タブにある「数式の表示」コマンドをクリックし、数式の内容を確認しましょう。もういちど「数式の表示」コマンドをクリックすると、元の表示に戻ります。

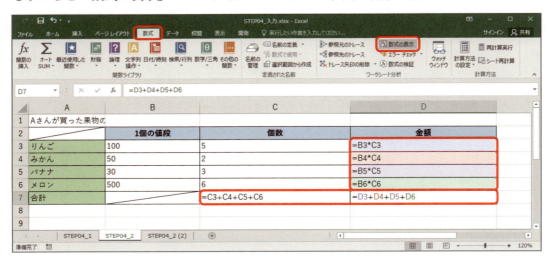

> **MEMO**
>
> D3 に入力した数式「=B3*C3」をオートフィルでコピーすると、「=B4*C4」「=B5*C5」「=B6*C6」というように、各行でセル参照の行番号が増えていきます。同様に、C7 に入力した数式「=C3+C4+C5+C6」をコピーすると、「=D3+D4+D5+D6」のように 1 つ右の列番号に変化してコピーされます。このように、セル番地が変化していくセル参照のことを「相対参照」といいます。下方向にコピーしたときは「行番号」、右方向にコピーしたときは「列番号」が増えていく仕組みになっています。

4.3 絶対参照

1. 「STEP04_ 入力 .xlsx」を開き、「STEP04_3」のシートを選択しましょう。この表は「A さんが買った果物の個数、金額、消費税、金額（税込み）」をまとめたものです。

	A	B	C	D	E	F	G
1	Aさんが買った果物の個数、金額、消費税、金額(税込み)						
2				消費税率	0.08		
4		1個の値段	個数	金額	消費税	金額（税込み）	
5	りんご	¥100	5	¥500			
6	みかん	¥50	2	¥100			
7	バナナ	¥30	3	¥90			
8	メロン	¥500	6	¥3,000			
9	合計		16	¥3,690			
10							

2. E5 セルに「りんご」の消費税を計算する数式「=D5*E2」を入力し、E2 のところで ［F4］ キーを押して、数式が「=D5*\$E\$2」に変化したことを確認しましょう。続いて、F5 セルに税込み金額を計算する数式「=D5+E5」を入力します。最後に、E5 〜 F5 をドラッグして選択し、E9 〜 F9 までオートフィルでコピーしましょう。

	A	B	C	D	E	F	G
1	Aさんが買った果物の個数、金額、消費税、金額(税込み)						
2				消費税率	0.08		
4		1個の値段	個数	金額	消費税	金額（税込み）	
5	りんご	¥100	5	¥500	¥40	¥540	
6	みかん	¥50	2	¥100	¥8	¥108	
7	バナナ	¥30	3	¥90	¥7	¥97	
8	メロン	¥500	6	¥3,000	¥240	¥3,240	
9	合計		16	¥3,690	¥295	¥3,985	
10							

3. [数式] タブにある「数式の表示」コマンドをクリックし、数式の内容を確認しましょう。もういちど「数式の表示」コマンドをクリックすると、元の表示に戻ります。

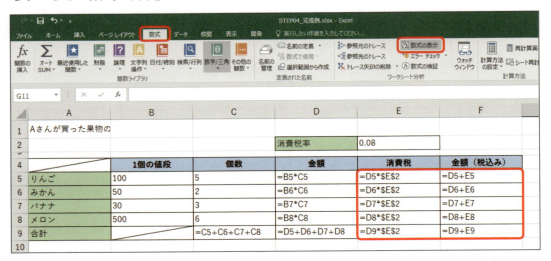

> **MEMO**
>
> E5に入力した数式「=D5*$E$2」をオートフィルでコピーすると、「=D6*$E$2」「=D7*$E$2」「=D8*$E$2」「=D9*$E$2」というように、D列のセル参照の行番号は増えていきますが、$E$2は同じセル参照（E2）のまま変化しません。このようにコピーしても変化しないセル参照のことを「絶対参照」といいます。セル参照を絶対参照で指定するときは、列番号と行番号の前に「$」の記号を付けて記述します。セル参照の位置にカーソルを合わせて[F4]キーを押すと、相対参照を絶対参照に変更できます。

4.4 総合問題

1. 「STEP04_入力.xlsx」を開き、「STEP04_4(1)」のシートにある表を下図のように編集しましょう。

＜完成例＞

	A	B	C	D	E	F	G	H	I	J	K
1	BMI　（Body Mass Index)										
2		BMI ＝体重 ÷（身長×身長）　…身長はcmではなく、m							BMIによる判定		
3									25以上		肥満
4			名前	身長(m)	体重（Kg)	BMIによる判定			25未満〜18.5以上		普通
5			A	1.78	92	29.037	肥満		18.5未満		痩せすぎ
6			B	1.66	58	21.048	普通				
7			C	1.63	48	18.066	痩せすぎ				
8											
9											
10	その他の判定										
11		その他の判定式 ＝ 身長 — 体重　…身長はｃm							その他の判定		
12									100未満		肥満
13			名前	身長(cm)	体重（Kg)	その他の判定			100以上〜110未満		普通
14			A	178	92	86	肥満		110以上		痩せすぎ
15			B	166	58	108	普通				
16			C	163	48	115	痩せすぎ				
17											

＜手順＞

（1）F5 セルに「BMI」を求める数式「=E5/(D5*D5)」を入力し、F7 セルまでオートフィルでコピー入力します。

BMI ＝体重 ÷（身長 × 身長）　　※ 身長は m（メートル）

（2）下記の表より「肥満」「普通」「痩せすぎ」を判断し、G5 〜 G7 に入力します。

■ **BMI による判定**

25 以 上	肥満
25 未満〜 18.5 以 上	普通
18.5 未満	痩せすぎ

（3）F14 セルに「その他の判定」を求める数式「=D14−E14」を入力し、F16 セルまでオートフィルでコピーします。

その他の判定式＝身 長 −体 重

(4) 下記の表より「肥満」「普通」「痩せすぎ」を判断し、G14 ～ G16 に入力します。

■その他の判定

100 未満	肥満
100 以上～ 110 未満	普通
110 以上	痩せすぎ

※ それぞれの表に自分のデータを追加しましょう。

2. 「STEP04_入力.xlsx」を開き、「STEP04_4(2)」のシートにある表を下図のように編集しましょう。

＜完成例＞

	B	C	D	E	F	G	H	I
1	＊＊ランチメニュー＊＊＊							
2		サラダ	¥200	デザート	¥250	サラダ・ドリンク割引	¥50	
3		ドリンク	¥100			スペシャルセット割引	¥100	
4								
5	メイン	単品	サラダセット	ドリンクセット	デザートセット	サラダ・ドリンクセット	スペシャルセット	
6	日替わり定食	¥550	¥750	¥650	¥800	¥800	¥1,000	
7	ハンバーグ	¥750	¥950	¥850	¥1,000	¥1,000	¥1,200	
8	しょうが焼き	¥650	¥850	¥750	¥900	¥900	¥1,100	
9	かつ丼	¥700	¥900	¥800	¥950	¥950	¥1,150	
10	天丼	¥650	¥850	¥750	¥900	¥900	¥1,100	
11	カレーライス	¥600	¥800	¥700	¥850	¥850	¥1,050	
12								

■セット価格

サラダセット	単品＋サラダ
ドリンクセット	単品＋ドリンク
デザートセット	単品＋デザート
サラダ・ドリンクセット	単品＋サラダ＋ドリンク－サラダ・ドリンク割引
スペシャルセット	単品＋サラダ＋ドリンク＋デザート－スペシャルセット割引

＜手順＞

(1) D6 セルに「サラダセット」の価格を求める数式「=C6+$D$2」を入力し、D11 セルまでオートフィルでコピーします。

（2） E6 セルに「ドリンクセット」の価格を求める数式「=C6+$D$3」を入力し、E11 セルまでオートフィルでコピーします。

（3） F6 セルに「デザートセット」の価格を求める数式「=C6+$F$2」を入力し、F11 セルまでオートフィルでコピーします。

（4） G6 セルに「サラダ・ドリンクセット」の価格を求める数式「=C6+$D$2+$D$3-$H$2」を入力し、G11 までオートフィルでコピーします。

（5） H6 セルに「スペシャルセット」の価格を求める数式「=C6+$D$2+$D$3+$F$2-$H$3」を入力し、H11 セルまでオートフィルでコピーします。

※「サラダ」「ドリンク」「デザート」の価格を変更すると、セット価格が自動的に変化することを確認しましょう。

※「サラダ・ドリンク割引」「スペシャルセット割引」の値を変更すると、セット価格が自動的に変化することを確認しましょう。

Step 04　数式とセル参照

Step 05 関数1

5.1 オートSUM

ここでは［ホーム］タブにある「オートSUM」コマンドを使用します。

1. 「STEP05_入力.xlsx」を開き、「STEP05_1」のシートを選択しましょう。この表は「Aさん、Bさん、Cさんの漢字テストの点数」をまとめたものです。

	A	B	C	D	E	F	G	H	I
1	Aさん、Bさん、Cさんの漢字テストの点数								
2		1回目	2回目	3回目	合計	平均	数値の個数	最大値	最小値
3	Aさん	5	8	7					
4	Bさん	0	5	10					
5	Cさん	8		6					
6									

2. 「オートSUM」コマンドを使用し、E3～I5の範囲に関数を入力しましょう。

＜完成例＞

	A	B	C	D	E	F	G	H	I
1	Aさん、Bさん、Cさんの漢字テストの点数								
2		1回目	2回目	3回目	合計	平均	数値の個数	最大値	最小値
3	Aさん	5	8	7	20	6.66667	3	8	5
4	Bさん	0	5	10	15	5	3	10	0
5	Cさん	8		6	14	7	2	8	6
6									

＜手順＞

(1) E3セルを選択し、［ホーム］タブにある「オートSUM」をクリックします。関数SUMが入力されるので、引数がB3:D3になっていることを確認し、［Enter］キーを押します。

(2) F3セルを選択し［ホーム］タブにある「オートSUM」から「平均」を選択します。関数AVERAGEが入力されるので、B3～D3のセル範囲をドラッグして引数を変更し、［Enter］キーを押します。

(3) G3セルを選択し、(2)と同様の手順で関数COUNTを入力します。

(4) H3セルを選択し、(2)と同様の手順で関数MAXを入力します。

(5) I3セルを選択し、(2)と同様の手順で関数MINを入力します。

(6) E3～I3のセル範囲を選択し、5行目までオートフィルでコピーします。

※Bさんの最小値は0ですが、Cさんの最小値は6です。空白セルは無視されます。
※Cさんの「数値の個数」は2です。空白セルは無視されます。

MEMO

■関数の入力（合計、平均、数値の個数、最大値、最小値）

(1) 関数を入力するセルを選択し、「オートSUM」から「合計」「平均」「数値の個数」「最大値」「最小値」を選択すると、それぞれの関数を入力できます。

(2) 計算するセル範囲が自動的に設定されます。このセル範囲が間違っていた場合は、マウスをドラッグしてセル範囲を設定しなおします。

MEMO

関数は、カッコ内に引数を指定して記述します。関数を入力したセルには、関数の結果が表示されます。

＝関数(引数,引数,……)

	A	B	C	D	E	F
1	Aさん、Bさん、Cさんの漢字テストの点数					
2		1回目	2回目	3回目	合計	平均
3	Aさん	5	8	7	20	6.66
4	Bさん	0	5	10	15	
5	Cさん	8		6	14	
6						

数式バーには関数が表示される

セルには関数の結果が表示される

MEMO

P40〜41の問題2で使用した関数の内容は、それぞれ以下の図のようになっています。[数式]タブにある「数式の表示」をONにすると、関数の内容を表示できます。

	A	E	F	G	H	I
1	Aさん、Bさん、Cさんの漢					
2		合計	平均	数値の個数	最大値	最小値
3	Aさん	=SUM(B3:D3)	=AVERAGE(B3:D3)	=COUNT(B3:D3)	=MAX(B3:D3)	=MIN(B3:D3)
4	Bさん	=SUM(B4:D4)	=AVERAGE(B4:D4)	=COUNT(B4:D4)	=MAX(B4:D4)	=MIN(B4:D4)
5	Cさん	=SUM(B5:D5)	=AVERAGE(B5:D5)	=COUNT(B5:D5)	=MAX(B5:D5)	=MIN(B5:D5)
6						

■＝SUM(セル範囲)
　指定したセル範囲内にある**数値の合計**を求めます。

■＝AVERAGE(セル範囲)
　指定したセル範囲内にある**数値の平均**を求めます。

■＝COUNT(セル数値)
　指定したセル範囲内にある**数値の個数**を求めます。

■＝MAX(セル数値)
　指定したセル範囲内にある数値の中から**最大値**を求めます。

■＝MIN(セル数値)
　指定したセル範囲内にある数値の中から**最小値**を求めます。

※　上記の関数は、引数にセル範囲を指定するのが一般的です。そのほか、数値、セル参照、配列、名前（またはこれらの組み合わせ）を引数に指定することもできます。

5.2 「関数の挿入」ダイアログボックス

1. 「STEP05_入力.xlsx」を開き、「STEP05_2」のシートを選択しましょう。この表では、数値の「四捨五入」「切り捨て」「切り上げ」を行います。

	A	B	C	D	E	F
1	＊＊小数点以下3桁目で、四捨五入、切り捨て、切り上げ					
2			四捨五入	切り捨て	切り上げ	
3		2.564				
4		2.565				
5						

2. 数式バーの左にある「関数の挿入」をクリックし、C3 ～ E4 のセルに関数を入力しましょう。

＜完成例＞

	A	B	C	D	E	F
1	＊＊小数点以下3桁目で、四捨五入、切り捨て、切り上げ					
2			四捨五入	切り捨て	切り上げ	
3		2.564	2.56	2.56	2.57	
4		2.565	2.57	2.56	2.57	
5						

＜手順＞

（1） C3 セルを選択して「関数の挿入」をクリックします。「関数の挿入」ダイアログボックスが表示されるので、関数 ROUND（四捨五入）を検索して選択し、[OK] ボタンをクリックします。「関数の引数」ダイアログボックスの「数値」に B3、「桁数」に 2 を指定し、[OK] ボタンをクリックします。　※ P44 の Memo を参照してください。

（2） （1）と同様の手順で、D3 セルに関数 ROUNDDOWN（切り捨て）を入力します。

（3） （1）と同様の手順で、E3 セルに関数 ROUNDUP（切り上げ）を入力します。

（4） C3 ～ E3 のセル範囲をコピーし、C4 ～ E4 に貼り付けます。

Step 05　関数 1 **43**

MEMO

セルを選択して「関数の挿入」をクリックすると、「関数の挿入」ダイアログボックスが表示されます。適当なキーワードを入力して関数を検索し、一覧から関数を選択して[OK]ボタンをクリックすると、「関数の引数」ダイアログボックスが表示されます。引数を設定してから[OK]ボタンをクリックすると、関数を入力できます。

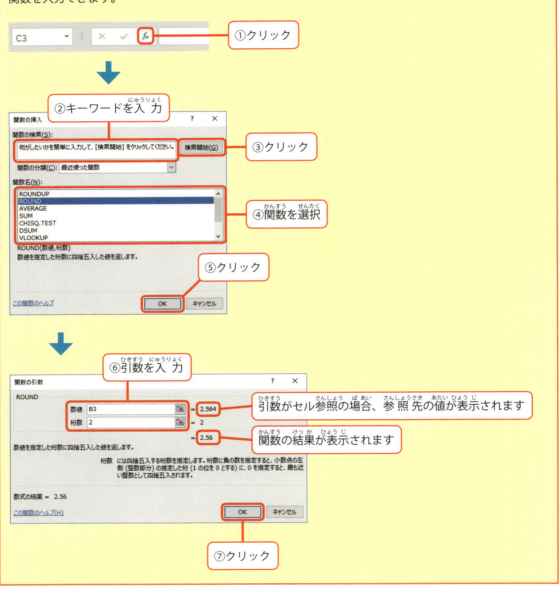

MEMO

P43の問題2で使用した関数の内容は、それぞれ以下の図のようになっています。[数式]タブにある「数式の表示」をONにすると、関数の内容を表示できます。

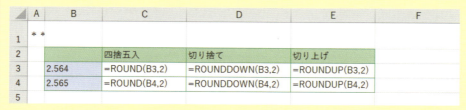

■ = ROUND(数値, 桁数)
　指定した桁数で数値を四捨五入します。

■ = ROUNDDOWN(数値, 桁数)
　指定した桁数で数値を切り捨てます。

■ = ROUNDUP(数値, 桁数)
　指定した桁数で数値を切り上げます。

MEMO

セル(または数式バー)に直接、関数を入力することもできます。この場合は、「=関数名(引数…)」と入力します。文字の一部を入力するとプルダウンメニューが表示されるので、この中から関数を選んで[Tab]キーで入力することでもできます。

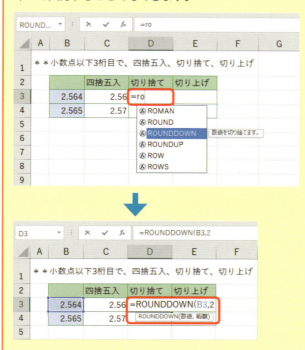

5.3 総合問題

1. 「STEP05_入力.xlsx」を開き、「STEP05_3(1)」のシートにある表を下図のように編集しましょう。

   <完成例>

	A	B	C	D	E
1	Aさん、Bさん、Cさんの漢字テストの点数				
2		1回目	2回目	3回目	
3	Aさん	5	8	7	
4	Bさん	0	5	10	
5	Cさん	8		6	
6	平均	4.33	6.5	7.67	
7	数値の個数	3	2	3	
8	最大値	8	8	10	
9	最小値	0	5	6	
10					

   ※ B6～D9のセル範囲に、1～3回目の「平均」「数値の個数」「最大値」「最小値」を関数で求めましょう。なお、「平均」は小数点以下3桁目で四捨五入します。

   <手順>

   (1) 平均を求める関数 AVERAGE の結果を、関数 ROUND の引数にして四捨五入します（B6セル）。

   (2) 関数 COUNT を使用し、B3～B5の合計を求めます（B7セル）。
   (3) 関数 MAX を使用し、B3～B5の最大値を求めます（B8セル）。
   (4) 関数 MIN を使用し、B3～B5の最小値を求めます（B9セル）。
   (5) B6～B9のセル範囲を選択し、D列までオートフィルでコピーします。

2. 「STEP05_入力.xlsx」を開き、「STEP05_3 (2)」のシートにある表を下図のように編集しましょう。

＜完成例＞

	A	B	C	D	E	F
1	Aさん、Bさん、Cさんの1皿100円すし屋の会計					
2		一皿		¥100 消費税率		8%
3						
4	食べた皿数	Aさん	Bさん	Cさん	合計	
5	まぐろ	4	3	4	11	
6	たこ	2	3	5	10	
7	いか	0	1	6	7	
8	えび	6	2	0	8	
9	たまご	1	2	5	8	
10	合計	13	11	20	44	
11	会計(税抜き)	¥1,300	¥1,100	¥2,000	¥4,400	
12	会計(税込み)	¥1,404	¥1,188	¥2,160	¥4,752	
13						

※ 「Aさん」「Bさん」「Cさん」について、食べた皿の数の「合計」と「会計（税抜き）」「会計（税込み）」を求めましょう。一皿の値段はC2セル、消費税率はE2セルを参照します。

※ 「まぐろ」「たこ」「いか」「えび」「たまご」について、それぞれの皿の数の「合計」を求めましょう。

※ 「各自が食べた皿の数」と「会計（税抜き）」「会計（税込み）」について、「合計」を求めましょう。

＜手順＞

（1）関数SUMを使用し、B5〜B9の「合計」を求めます（B10セル）。

（2）「=$C$2*B10」と数式を入力し、「会計（税抜き）」を求めます（B11セル）。

（3）「=B11*(1+$E$2)」と数式を入力し、「会計（税込み）」を求めます（B12セル）。

（4）B10〜B12のセル範囲を選択し、D列までオートフィルでコピーします。

（5）関数SUMを使用し、B5〜D5の「合計」を求めます（E5セル）。

（6）E5セルを選択し、E12セルまでオートフィルでコピーします。

（7）E11、E12セルに「通貨」の表示形式を指定します。

Step 05　関数1 **47**

Step 06 関数2

6.1 関数 IF

1. 「STEP06_入力.xlsx」を開き、「STEP06_1」のシートを選択しましょう。この表は「バイト代の一覧」を示しています。

	A	B	C	D
1	**＊＊バイト代 一覧 ＊＊**			
2	月	バイト代	コメント	
3	1月	¥100,000		
4	2月	¥100,001		
5	3月	¥20,000		
6	4月	¥80,000		
7				

2. C3 ～ C6 のセル範囲に、関数 IF を使用してコメントを表示しましょう。

＜完成例＞

	A	B	C	D
1	**＊＊バイト代 一覧 ＊＊**			
2	月	バイト代	コメント	
3	1月	¥100,000	＊＊＊	
4	2月	¥100,001	いいね！	
5	3月	¥20,000	＊＊＊	
6	4月	¥80,000	＊＊＊	
7				

（1） バイト代が ¥100,000 より多いときは、コメント欄に「いいね！」と表示し、それ以外は「＊＊＊」と表示します。

MEMO

関数IFを入力するときは、以下のように操作します。

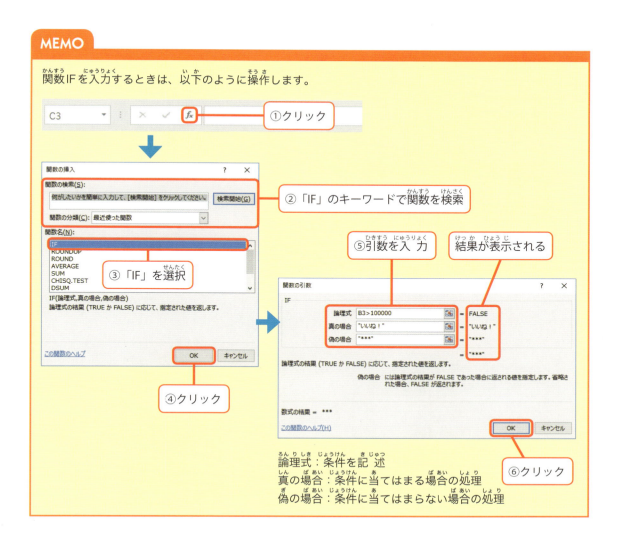

論理式：条件を記述
真の場合：条件に当てはまる場合の処理
偽の場合：条件に当てはまらない場合の処理

MEMO

P48で使用した関数IFの内容は、以下の図のようになっています。[数式]タブにある「数式の表示」をONにすると、関数の内容を表示できます。

	A	B	C	D
1	＊＊バイト代　一覧			
2	月	バイト代	コメント	
3	1月	100000	=IF(B3>100000,"いいね！","＊＊＊")	
4	2月	100001	=IF(B4>100000,"いいね！","＊＊＊")	
5	3月	20000	=IF(B5>100000,"いいね！","＊＊＊")	
6	4月	80000	=IF(B6>100000,"いいね！","＊＊＊")	
7				

■＝IF(条件,真の場合,偽の場合)
　条件に応じて、「セルに表示する文字」や「処理の内容」を変化させます。条件に当てはまるときは「真の場合」、当てはまらないときは「偽の場合」の処理が行われます。

Step 06　関数2 | **49**

6.2 関数IFの組み合わせ

1. 「STEP06_入力.xlsx」を開き、「STEP06_2」のシートを選択しましょう。この表は、P48と同じ「バイト代の一覧」です。

	A	B	C	D
1	**バイト代 一覧**			
2	月	バイト代	コメント	
3	1月	¥100,000		
4	2月	¥100,001		
5	3月	¥20,000		
6	4月	¥80,000		
7				

2. C3～C6のセル範囲に、関数IFを使用してコメントを表示しましょう。

＜完成例＞

	A	B	C	D
1	**バイト代 一覧**			
2	月	バイト代	コメント	
3	1月	¥100,000		
4	2月	¥100,001	いいね！	
5	3月	¥20,000	少ない	
6	4月	¥80,000		
7				

（1）バイト代が¥100,000より多いときは、コメント欄に「いいね！」と表示し、¥50,000より少ないときは「少ない」と表示します。それ以外は空白セルにします。

MEMO

ここで使用した関数IFの内容は、以下の図のようになっています。［数式］タブにある「数式の表示」をONにすると、関数の内容を表示できます。

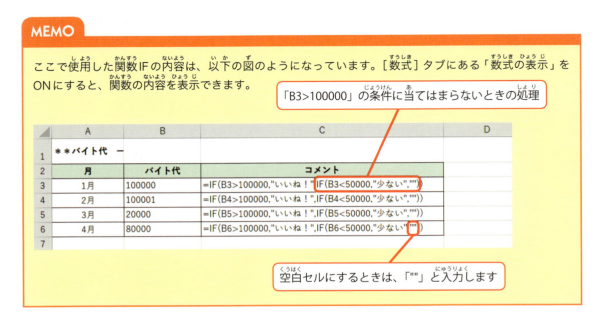

「B3>100000」の条件に当てはまらないときの処理

空白セルにするときは、「""」と入力します

6.3 総合問題

1. 「STEP06_入力.xlsx」を開き、「STEP06_3(1)」のシートにある表を下図のように編集しましょう。

＜完成例＞

	A	B	C	D
1	＊＊＊性別コード変換(1)			
2		性別コード	性別	
3	Aさん	M	男	
4	Bさん	W	女	
5	Cさん	W	女	
6				
7	＊＊＊性別コード変換(2)			
8		性別コード	性別	
9	Aさん	M	男	
10	Bさん		??	
11	Cさん	W	女	
12				

■性別コード判定（1）

性別がコード（M：男、W：女）で入力されています。性別コードに応じて、性別欄に「男」または「女」と表示しましょう。

■性別コード判定（2）

性別コードが不明（M・W以外）のセルがあります。性別コードに応じて、性別欄に「男」または「女」と表示し、M・W以外のコードが入力されているときは「??」と表示しましょう。

＜手順＞

（1）性別コード（B3）が「M」の場合は「男」、それ以外の場合は「女」を表示する関数 IF を C3 セルに入力します。

=IF(B3="M"," 男 "," 女 ")

（2）C3 セルを選択し、C5 セルまでオートフィルでコピーします。

（3）性別コード（B9）が「M」の場合は「男」、「W」の場合は「女」、それ以外の場合は「??」を表示する関数 IF を C9 セルに入力します。

=IF(B9="M"," 男 ",IF(B9="W"," 女 ","??"))

（4）C9 セルを選択し、C11 セルまでオートフィルでコピーします。

Step 06 関数2 **51**

2. 「STEP06_ 入力 .xlsx」を開き、「STEP06_3 (2)」のシートにある表を下図のように編集しましょう。

＜完成例＞

	A	B	C	D	E	F	G
1	＊＊＊(1)100円ケーキ・3個以上買うと、50円引き＊＊＊						
2		チーズケーキ	ショートケーキ	アップルパイ	合計個数	会計	
3	Aさん	1	1	1	3	¥250	
4	Bさん	5	2	5	12	¥1,150	
5	Cさん		1	1	2	¥200	
6							
7							
8	＊＊＊(2)100円ケーキ・5個以上買うと、100円引き。3個以上買うと、50円引き。＊＊＊						
9		チーズケーキ	ショートケーキ	アップルパイ	合計個数	会計	
10	Aさん	1	1	1	3	¥250	
11	Bさん	5	2	5	12	¥1,100	
12	Cさん		1	1	2	¥200	
13							

■ 100円ケーキ・3個以上買うと、50円引き

Aさん、Bさん、Cさんのケーキの数の「合計個数」と「会計」を求めましょう。

「会計」の計算
- 合計個数が 3 個以上の場合 .... $100 \times$ 合計個数 − 50
- それ以外の場合 .... $100 \times$ 合計個数

■ 100円ケーキ・5個以上買うと、100円引き。3個以上買うと、50円引き。

Aさん、Bさん、Cさんのケーキの数の「合計個数」と「会計」を求めましょう。

「会計」の計算
- 合計個数が 5 個以上の場合 .... $100 \times$ 合計個数 − 100
- 合計個数が 3 個以上の場合 .... $100 \times$ 合計個数 − 50
- それ以外の場合 .... $100 \times$ 合計個数

＜手順＞

(1) B3 ～ D3 の合計を求める関数 SUM を E3 セルに入力します。

(2) 合計個数（E3）が 3 個以上の場合は「¥100 × 合計個数より 50 円引き」、それ以外の場合は「¥100 × 合計個数」を表示する関数 IF を F3 セルに入力します。

=IF(E3>=3,100*E3-50,100*E3)

(3) E3 ～ F3 を選択し、5 行目までオートフィルでコピーします。

(4) B10 ～ D10 の合計を求める関数 SUM を E10 セルに入力します。

(5) 合計個数（E10）が 5 個以上の場合は「¥100 × 合計個数より 100 円引き」、3 個以上の場合は「¥100 × 合計個数より 50 円引き」、それ以外の場合は「¥100 × 合計個数」を表示する関数 IF を F10 に入力します。

=IF(E10>=5,100*E10-100,IF(E10>=3,100*E10-50,100*E10))

(6) E10 ～ F10 を選択し、12 行目までオートフィルでコピーします。

52

Step 07 グラフの作成

ここで使用する主なコマンドは下記のとおりです。

■グラフの挿入

■グラフのデザイン

■グラフの書式

7.1、7.3、7.4で使用する入力ファイルは同じです。「STEP07_入力.xlsx」を開き、「STEP07_1」のシートをコピーして、「STEP07_3」と「STEP07_4」を作成しましょう。この表は「Cafeの一日の平均売り上げ」を示しています。

	A	B	C	D	E	F
1	＊＊Caféの一日の平均売り上げ＊＊			単位：杯		
2	飲み物	コーヒー	紅茶	アイスコーヒー	アイスティー	
3	1月	100	70	30	20	
4	2月	80	60	40	25	
5	3月	90	50	50	30	
6	4月	100	45	60	40	
7	5月	85	60	70	60	
8	6月	70	70	80	70	
9	7月	100	50	90	80	
10	8月	80	60	100	90	
11						

7.1 棒グラフ

1. 「STEP07_入力.xlsx」を開き、「STEP07_1」のシートを選択します。下図のように棒グラフを作成し、グラフ要素を編集しましょう。

＜完成例＞

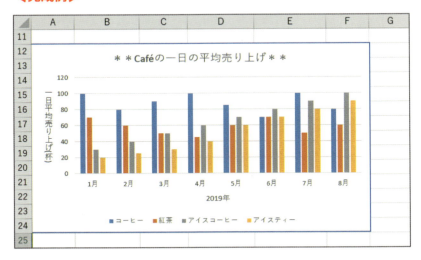

＜手順＞

(1) A2～E10のセル範囲を選択します。［挿入］タブにある「縦棒/横棒グラフの挿入」をクリックし、「2-D 集合縦棒」を選択して棒グラフを挿入します。

(2) 棒グラフをA12の位置まで移動します。右下のハンドルをドラッグしてA12～F24の範囲まで拡大します。

(3) グラフタイトルに「＊＊Cafeの一日の平均売り上げ＊＊」と入力します。

(4) グラフを選択して［デザイン］タブを選択します。「グラフ要素の追加」をクリックし、軸ラベル（「第1横軸」と「第1縦軸」）を追加します。その後、次のようにラベルを入力します。
　　・第1横軸ラベル：2019年
　　・第1縦軸ラベル：一日平均売り上げ(杯)

(5) 縦軸の軸ラベルを選択します。［ホーム］タブにある「方向」から「縦書き」を選択し、「文字列の方向」を縦書きにします。

(6) グラフ内の余白を選択し、［書式］タブにある「図形の枠線」を使用し、枠線の書式を色「青」、太さ「1.5pt」に設定します。

MEMO

グラフの種類と形式は次のように指定します。

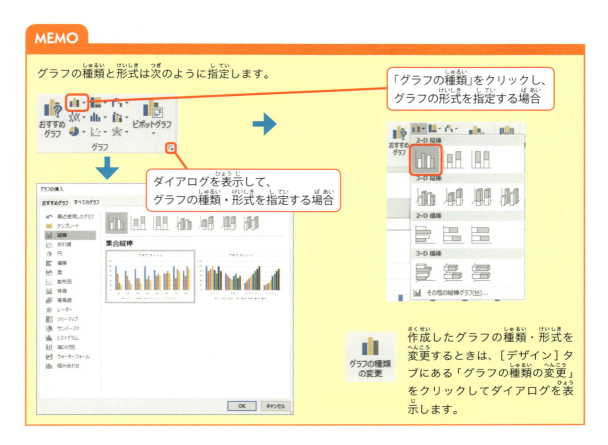

MEMO

グラフ要素を追加・変更するときは、次のように操作します。

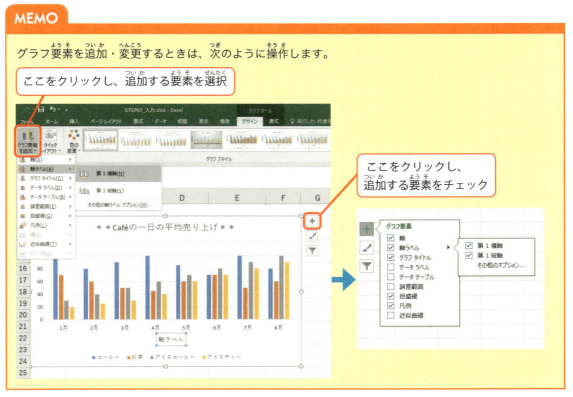

MEMO

グラフ要素の書式を詳しく指定するときは、以下の設定画面を使用します。

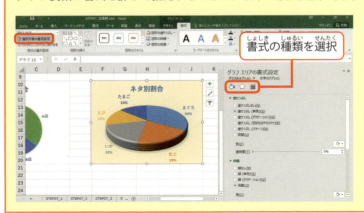

書式を設定するグラフ要素を選択し、[書式]タブにある「選択対象の書式設定」をクリックします。ワークシートの右側に書式の設定画面が表示されるので、ここで書式を指定します。

7.2 グラフ要素の確認

1. グラフ要素の名前を下記から選んで答えましょう。

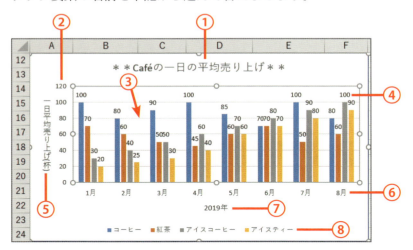

軸（縦）	軸（横）	軸ラベル（縦）	軸ラベル（横）
グラフタイトル	データラベル	目盛線	凡例

① (　　　　　　　　)　② (　　　　　　　　)　③ (　　　　　　　　)

④ (　　　　　　　　)　⑤ (　　　　　　　　)　⑥ (　　　　　　　　)

⑦ (　　　　　　　　)　⑧ (　　　　　　　　)

7.3 円グラフ

1. 「STEP07_入力.xlsx」を開き、「STEP07_3」のシートを選択します。下図のように円グラフを作成し、グラフ スタイルを設定しましょう。

＜完成例＞

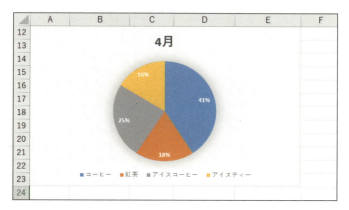

＜手順＞

(1) A2〜E2 と A6〜E6 のセル範囲を同時に選択します。［挿入］タブにある「円またはドーナツグラフの挿入」をクリックし、「2-D 円」を選択して円グラフを挿入します。

(2) 円グラフを A12 の位置まで移動します。右下のハンドルをドラッグして A12〜E23 の範囲まで拡大します。

(3) グラフを選択し、［デザイン］タブにある「グラフ スタイル」の ▼ をクリックし、「スタイル 11」を選択します。

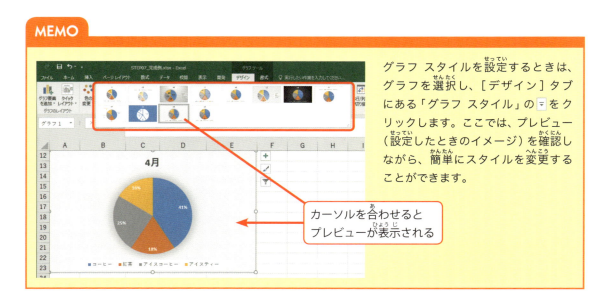

グラフ スタイルを設定するときは、グラフを選択し、［デザイン］タブにある「グラフ スタイル」の ▼ をクリックします。ここでは、プレビュー（設定したときのイメージ）を確認しながら、簡単にスタイルを変更することができます。

カーソルを合わせるとプレビューが表示される

7.4 折れ線グラフ

1. 「STEP07_入力.xlsx」を開き、「STEP07_4」のシートを選択します。下図のように折れ線グラフを作成し、グラフ スタイルを設定しましょう。また、(10)で枠線を設定する部分の名前を確認しましょう。

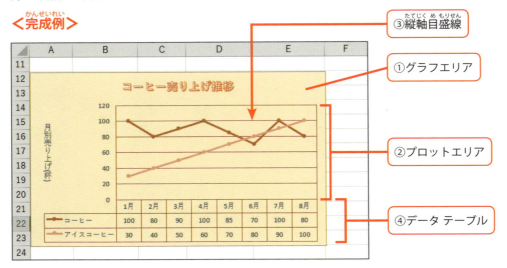

＜手順＞

(1) A2～B10 と D2～D10 のセル範囲を同時に選択します。[挿入] タブにある「折れ線/面グラフの挿入」をクリックし、「2-D マーカ付き折れ線グラフ」を選択して折れ線グラフを挿入します。

(2) 折れ線グラフを A12 の位置まで移動し、右下のハンドルをドラッグして A12～E23 の範囲まで拡大します。

(3) グラフタイトルに「コーヒー売り上げ推移」と入力します。

(4) グラフタイトルを選択し、[書式] タブにある「ワードアートのスタイル」から好きなスタイルを選択します。

(5) グラフを選択し、[デザイン] タブにある「クイック レイアウト」から「レイアウト 5」を選択します。

(6) 第 1 縦軸ラベルに「月別売り上げ(杯)」と入力します。

(7) 縦軸の軸ラベルを選択します。[ホーム] タブにある「方向」から「縦書き」を選択し、「文字列の方向」を縦書きにします。

(8) グラフを選択し、[デザイン] タブにある「色の変更」から好きな色を選択します。

(9) グラフ内の余白を選択し、[書式] タブにある「図形の塗りつぶし」から「ゴールド、

アクセント4、白＋基本色80%」を選択します。

(10) ［書式］タブにある「図形の枠線」を操作し、①～④のグラフ要素の枠線を「赤」に変更します。

MEMO

データの範囲を選択し、［挿入］タブにある「おすすめグラフ」をクリックすると、下図のようなダイアログボックスが表示されます。［おすすめグラフ］タブには、選択したデータに適したグラフが表示されています。プレビューでイメージを確認しながらグラフを選択し、［OK］ボタンをクリックすると、選択したグラフを挿入できます。

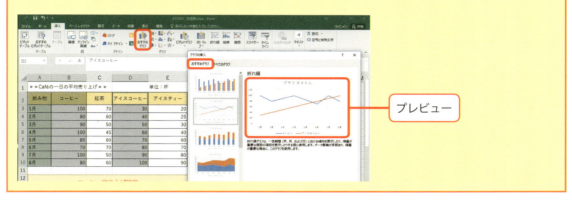

MEMO

グラフを選択し、［デザイン］タブにある「クイックレイアウト」をクリックすると、プレビューでイメージを確認しながら簡単にグラフのレイアウトを変えることができます。

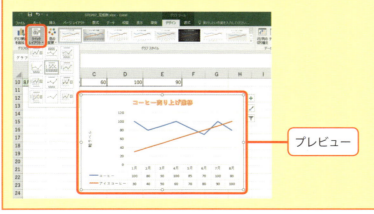

＜7.2の解答＞

1. ①グラフ タイトル　②軸（縦）　③目盛線　④データラベル　⑤軸ラベル（縦）
　　⑥軸（横）　⑦軸ラベル（横）　⑧凡例

7.5 総合問題

1. 「STEP07_入力.xlsx」を開いて「STEP07_5(1)」のシートを選択し、下図のようにグラフを編集しましょう。

＜完成例＞

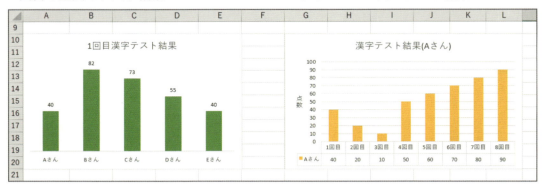

■棒グラフ1
1回目の全員のテスト結果

■棒グラフ2
Aさんの1～8回のテスト結果

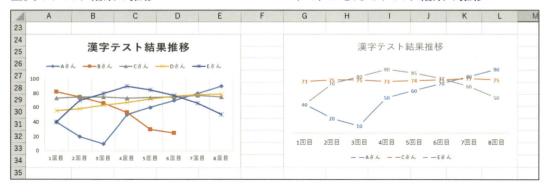

■折れ線グラフ1
全員のテスト結果の推移

■折れ線グラフ2
A、C、Eさんのテスト結果の推移

＜手順＞

■棒グラフ1

（1） A2～B7のセル範囲を選択します。［挿入］タブにある「縦棒/横棒グラフの挿入」をクリックし、「2-D 集合縦棒」を選択して棒グラフを挿入します。

（2） 棒グラフをA10の位置まで移動し、右下のハンドルをドラッグしてA10～E20の範囲まで縮小します。

（3） グラフタイトルに「1回目漢字テスト結果」と入力します。

(4) ［デザイン］タブにある「クイックレイアウト」から「レイアウト2」を選択します。

(5) 凡例を削除します。

(6) ［デザイン］タブにある「色の変更」から好きな色を選択します。

■棒グラフ2

(1) A2 〜 I3 のセル範囲を選択します。［挿入］タブにある「縦棒 / 横棒グラフの挿入」をクリックし、「2-D 集合縦棒」を選択して棒グラフを挿入します。

(2) 棒グラフを G10 の位置まで移動し、右下のハンドルをドラッグして G10 〜 L20 の範囲まで縮小します。

(3) グラフタイトルに「漢字テスト結果 (A さん)」と入力します。

(4) ［デザイン］タブにある「クイックレイアウト」から「レイアウト5」を選択します。

(5) 第 1 縦軸ラベルに「点数」と入力します。

(6) 縦軸の軸ラベルを選択します。［ホーム］タブにある「方向」から「縦書き」を選択し、「文字列の方向」を縦書きにします。

(7) ［グラフのデザイン］タブにある「色の変更」から好きな色を選択します。

■折れ線グラフ1

(1) A2 〜 I7 のセル範囲を選択します。［挿入］タブにある「折れ線 / 面グラフの挿入」をクリックし、「2-D マーカー付き折れ線」を選択して折れ線グラフを挿入します。

(2) 折れ線グラフを A24 の位置まで移動し、右下のハンドルをドラッグして A24 〜 E34 の範囲まで縮小します。

(3) グラフタイトルに「漢字テスト結果推移」と入力します。

(4) ［デザイン］タブにある「グラフ スタイル」から「スタイル 11」を選択します。

■折れ線グラフ2

(1) A2 〜 I3、A5 〜 I5、A7 〜 I7 のセル範囲を同時に選択します。［挿入］タブにある「折れ線 / 面グラフの挿入」をクリックし、「2-D 折れ線」を選択して折れ線グラフを挿入します。

(2) 折れ線グラフを G24 の位置まで移動し、右下のハンドルをドラッグして G24 〜 L34 の範囲まで縮小します。

(3) グラフタイトルに「漢字テスト結果推移」と入力します。

(4) ［デザイン］タブにある「グラフ スタイル」から「スタイル 7」を選択します。

Step 07　グラフの作成　**61**

2. 「STEP07_入力.xlsx」を開いて「STEP07_5(2)」のシートを選択し、下図のようにグラフを編集しましょう。

＜完成例＞
■円グラフ1　店別割合（皿数合計）　　　■円グラフ2　ネタ別割合（皿数合計）

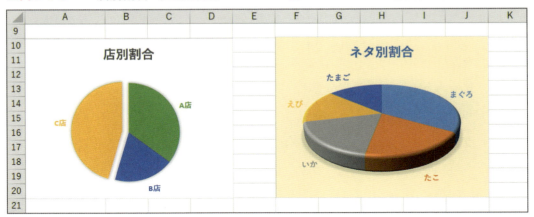

＜手順＞

■円グラフ1

(1) B2～D2とB8～D8のセル範囲を同時に選択します。[挿入]タブにある「円またはドーナツグラフの挿入」をクリックし、「2-D円」を選択して円グラフを挿入します。
(2) 円グラフをA10の位置まで移動し、右下のハンドルをドラッグしてA10～D20の範囲まで縮小します。
(3) グラフタイトルに「店別割合」と入力します。
(4) [デザイン]タブにある「グラフ スタイル」から「スタイル9」を選択します。
(5) [デザイン]タブにある「色の変更」から好きな色を選択します。
(6) C店を選択し、左にドラッグします（強調したいデータをグラフから少し離します）。

■円グラフ2

(1) A3～A7とE3～E7のセル範囲を同時に選択します。[挿入]タブにある「円またはドーナツグラフの挿入」をクリックし、「3-D円」を選択して円グラフを挿入します。
(2) 円グラフをF10の位置まで移動し、右下のハンドルをドラッグしてF10～J20の範囲まで縮小します。
(3) グラフタイトルに「ネタ別割合」と入力します。
(4) [デザイン]タブにある「グラフ スタイル」から「スタイル8」を選択します。
(5) グラフタイトルを選択し、[書式]タブにある「文字の塗りつぶし」から「青」を選択します。
(6) グラフ内の余白を選択し、[書式]タブにある「図形の塗りつぶし」から「ゴールド、アクセント4、白+基本色80%」を選択します。

Step 08 印刷のページ設定

ここで使用する主なコマンドは下記のとおりです。

8.1 ページ設定

1. 「STEP08_入力.xlsx」を開き、「STEP08_1」のシートを選択しましょう。この表は「夏休みの予定」です。［ファイル］タブを選択し、「印刷」のメニューをクリックして印刷イメージ（プレビュー）を確認しましょう。

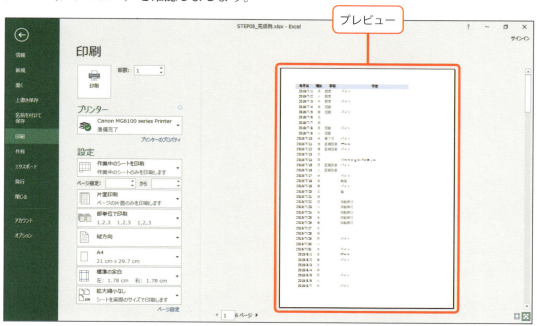

Step 08 印刷のページ設定 | 63

2. 下図のようにページレイアウトを設定して印刷しましょう。

＜完成例＞

1ページ目

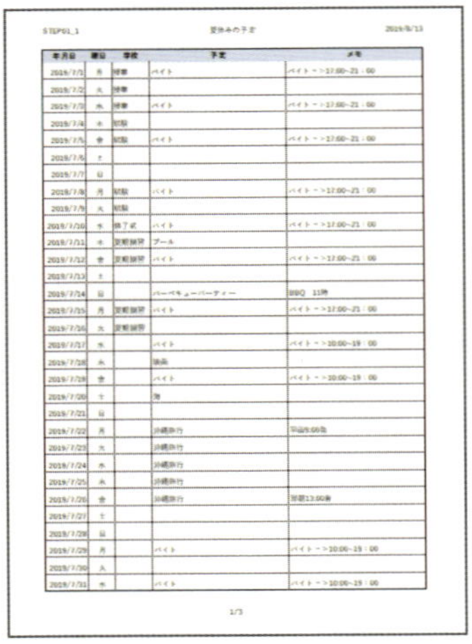

2ページ目

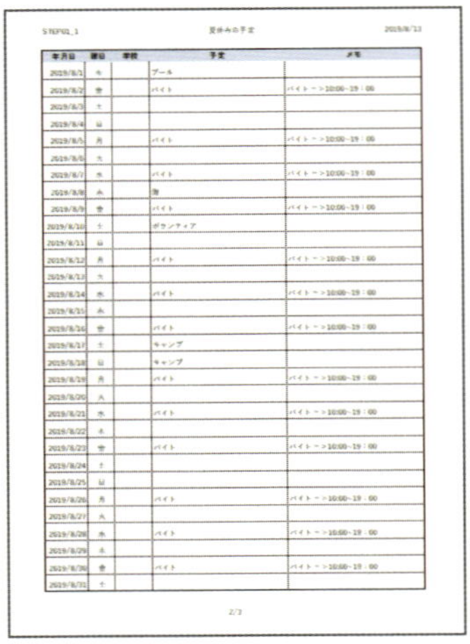

3ページ目

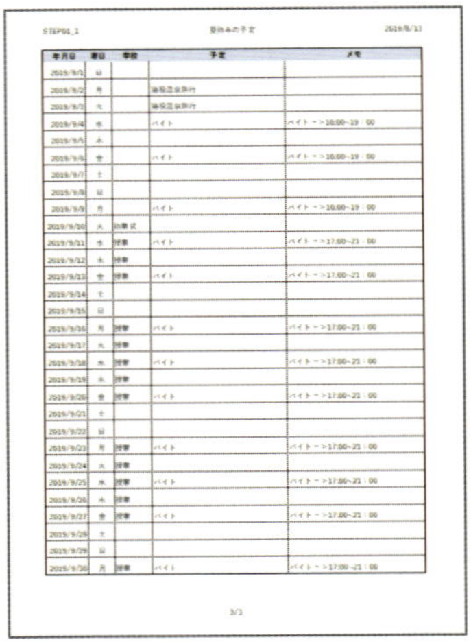

＜手順＞

(1) ［ページ レイアウト］タブにある「余白」をクリックし、「標準」を選択します。

(2) ［ページ レイアウト］タブにある「印刷タイトル」をクリックします。「ページ設定」ダイアログボックスが表示されるので、［シート］タブで以下の設定を行います。
- ・タイトル行：1行目 （各ページの先頭に表の1行目を印刷）
- ・「枠線」のチェックボックスを ON （表の枠線を印刷）

(3) 続いて［ヘッダー / フッター］タブを選択し、［ヘッダーの編集］ボタンをクリックして、以下のようにヘッダーを編集します。
- ・左側 .... シート名
- ・中央部 .... 「夏休みの予定」
- ・右側 .... 日付

(4) 続いて［フッターの編集］ボタンをクリックし、以下のようにフッターを編集します。
- ・中央部 .... ページ番号 / 総ページ数

(5) 改ページ プレビューに切り替えて、7月、8月、9月がそれぞれ1ページに収まるように改ページ位置を示す線を移動させます。

　※ P67 の Memo を参考にしてください。

64

MEMO

「ページ設定」ダイアログボックスは、印刷の設定をするときに使用します。[ページレイアウト] タブにある「印刷タイトル」をクリックすると表示されます。

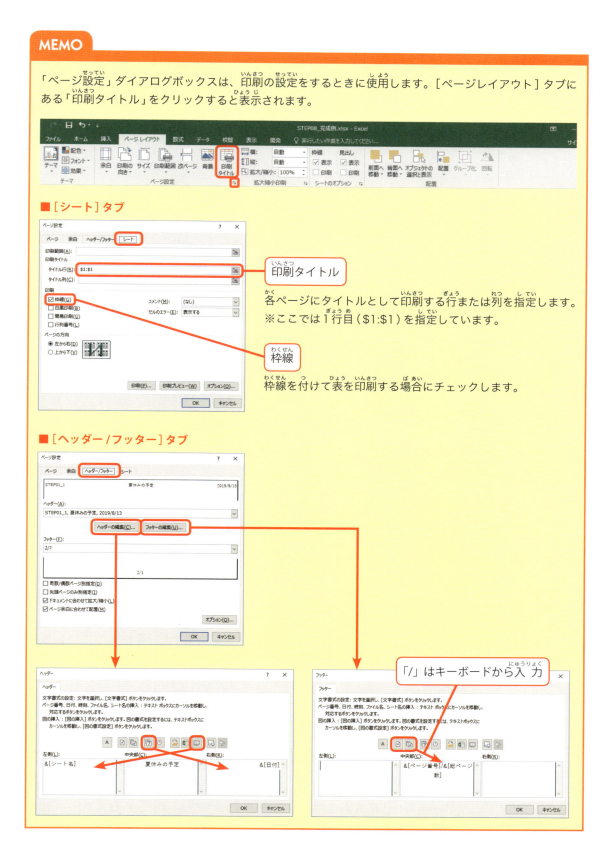

■ [シート] タブ

印刷タイトル
各ページにタイトルとして印刷する行または列を指定します。
※ここでは1行目（$1:$1）を指定しています。

枠線
枠線を付けて表を印刷する場合にチェックします。

■ [ヘッダー/フッター] タブ

「/」はキーボードから入力

8.2 総合問題

1. 「STEP08_入力.xlsx」を開き、「STEP08_2」のシートにある表を下図のように印刷しましょう。

＜完成例＞

1ページ目

2ページ目

3ページ目

＜手順＞

(1) ［ページレイアウト］タブにある［余白］をクリックし、「ユーザ設定の余白」を選択します。［ページ設定］ダイアログボックスが表示されるので、［余白設定］タブで以下のように余白を設定します。
　　・上下の余白：2cm
　　・左右の余白：3cm

(2) ［ページ レイアウト］タブにある「印刷の向き」をクリックし、「横」を選択します。

(3) ［ページ レイアウト］タブにある「印刷タイトル」をクリックします。「ページ設定」ダイアログボックスが表示されるので、［シート］タブで「タイトル行」を1～8行目（$1:$8）に設定します。

(4) 続いて、「ページ設定」ダイアログボックスの［ヘッダー/フッター］タブを選択し、以下のようにヘッダーとフッターを設定します。

- ヘッダーの中央部 ....「100円寿司ネタ別分析」
- ヘッダーの右側 ....（1行目）日付、（2行目）「カットシステム」
- フッターの中央部 .... −ページ番号−

　　　　　　　　　　※「−」はキーボードから入力します。

(5) 改ページ プレビューに切り替えて、「21行目の後」と「34行目の後」で改ページするように設定します。

MEMO

ウィンドウの右下にある 凹 (改ページ プレビュー) をクリックすると、印刷時のページ区切りを指定できる画面が表示されます。この画面にある「青色の線」を上下左右にドラッグすると、改ページの位置を変更できます。

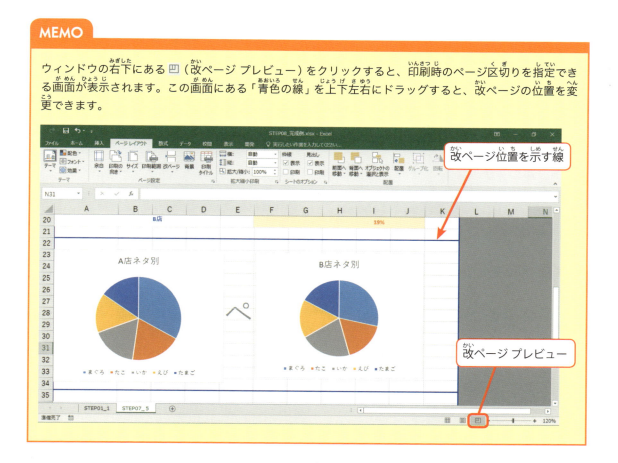

Step 09 抽出と並べ替え

ここで使用する主なコマンドは下記のとおりです。

■並べ替えとフィルター

■テーブルのデザイン

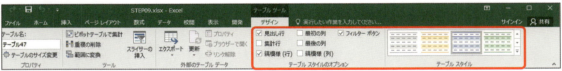

※このタブはテーブルを選択しているときだけ表示されます。

9.1～9.3で使用する入力ファイルは同じです。「STEP09_入力.xlsx」を開き、「STEP09_1」のシートをコピーして、「STEP09_2」と「STEP09_3」を作成しましょう。この表は「スポーツ大会ボランティア」についてまとめたものです。

	A	B	C	D	E	F	G	H	I
1	スポーツ大会ボランティア								
2	NO	姓	名	カナ(姓)	カナ(名)	性別	担当スポーツ	年齢	ボランティア活動回数
3	1	岩田	美穂	イワタ	ミホ	女	マラソン	18	1
4	2	山口	勇	ヤマグチ	ユウ	男	マラソン	23	6
5	3	松原	博	マツバラ	ヒロシ	男	バレーボール	22	2
6	4	松原	美希	マツバラ	ミキ	女	バレーボール	20	5
7	5	古屋	栄作	フルヤ	エイサク	男	バレーボール	20	2
8	6	岩田	彩	イワタ	アヤ	女	サッカー	23	4
9	7	浅田	順	アサダ	ジュン	男	バレーボール	21	6
10	9	松原	洋平	マツバラ	ヨウヘイ	男	サッカー	22	0
11	10	岩田	雄貴	イワタ	ユウキ	男	サッカー	19	2
12	11	海野	貴	ウミノ	タカシ	男	バレーボール	21	3
13	12	梅田	理沙	ウメダ	リサ	女	バレーボール	20	6

9.1 データの抽出

1. 「STEP09_入力.xlsx」を開き、「STEP09_1」のシートを選択します。下記の条件でデータを抽出しましょう。

　　　　・担当スポーツ ……………… バレーボール

※「データの抽出」とは、条件に合うデータだけを表示することです。

＜完成例＞（1）

	A	B	C	D	E	F	G	H	I
1	スポーツ大会ボランティア								
2	No	姓	名	カナ(姓)	カナ(名)	性別	担当スポーツ	年齢	ボランティア活動回数
5	3	松原	博	マツバラ	ヒロシ	男	バレーボール	22	2
6	4	松原	美希	マツバラ	ミキ	女	バレーボール	20	5
7	5	古屋	栄作	フルヤ	エイサク	男	バレーボール	20	2
9	7	浅田	順	アサダ	ジュン	男	バレーボール	21	6
12	11	海野	貴	ウミノ	タカシ	男	バレーボール	21	3
13	12	梅田	理沙	ウメダ	リサ	女	バレーボール	20	6

※ 担当スポーツの列がデータが抽出されている列

＜手順＞

（1）A2セルを選択し、[ホーム] タブにある「並べ替えとフィルター」から「フィルター」を選択します（各列の見出しに ▼ が表示されます）。

（2）「担当スポーツ」の ▼ をクリックし、「バレーボール」だけを選択します。

MEMO

フィルターを利用すると、データを抽出したり、並べ替えたりすることができます。

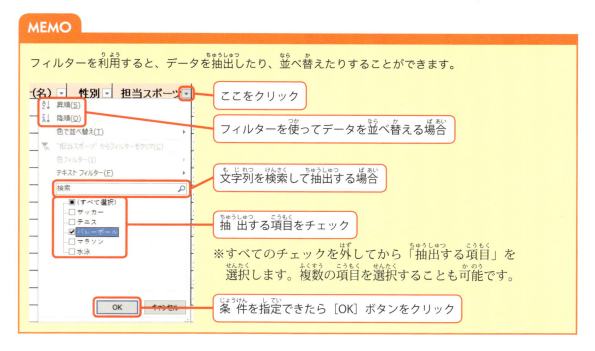

- ここをクリック
- 昇順(S) / 降順(O)：フィルターを使ってデータを並べ替える場合
- 検索：文字列を検索して抽出する場合
- 抽出する項目をチェック
- ※すべてのチェックを外してから「抽出する項目」を選択します。複数の項目を選択することも可能です。
- 条件を指定できたら [OK] ボタンをクリック

2. 下記の条件でデータを抽出しましょう。

　　　・担当スポーツ .... バレーボール　　　・性別 .... 男

※ 複数の列に指定した抽出条件は「かつ」（and）で結ばれます。

＜完成例＞（2）

	A	B	C	D	E	F	G	H	I	J
1	スポーツ大会ボランティア									
2	No	姓	名	カナ(姓)	カナ(名)	性別	担当スポーツ	年齢	ボランティア活動回数	
5	3	松原	博	マツバラ	ヒロシ	男	バレーボール	22	2	
7	5	古屋	栄作	フルヤ	エイサク	男	バレーボール	20	2	
9	7	浅田	順	アサダ	ジュン	男	バレーボール	21	6	
12	11	海野	貴	ウミノ	タカシ	男	バレーボール	21	3	
14										

＜手順＞

（1）（P69 の問題 1 に続けて）「性別」の ▾ をクリックし、「男」だけを選択します。

3. フィルターをいちど解除し、下記の条件でデータを抽出しなおしましょう。

　　　・ボランティア活動回数 .... 3 回以上

＜完成例＞（3）

	A	B	C	D	E	F	G	H	I	J
1	スポーツ大会ボランティア									
2	No	姓	名	カナ(姓)	カナ(名)	性別	担当スポーツ	年齢	ボランティア活動回数	
4	2	山口	勇	ヤマグチ	ユウ	男	マラソン	23	6	
6	4	松原	美希	マツバラ	ミキ	女	バレーボール	20	5	
8	6	岩田	彩	イワタ	アヤ	女	サッカー	23	4	
9	7	浅田	順	アサダ	ジュン	男	バレーボール	21	6	
12	11	海野	貴	ウミノ	タカシ	男	バレーボール	21	3	
13	12	梅田	理沙	ウメダ	リサ	女	バレーボール	20	6	
14										

＜手順＞

（1）表内のセルを選択し、［ホーム］タブにある「並べ替えとフィルター」から「フィルター」を選択します（各列の見出しにある ▾ が削除されます）。

（2）A2 セルを選択し、［ホーム］タブにある「並べ替えとフィルター」から「フィルター」を選択します（各列の見出しに ▾ が表示されます）。

（3）「ボランティア活動回数」の ▾ をクリックし、「数値フィルター」→「指定の値以上」を選択します。

（4）「3 以上」の条件を指定し、［OK］ボタンをクリックします。

70

9.2 並べ替え

1. 「STEP09_入力.xlsx」を開き、「STEP09_2」のシートを選択します。「カナ(姓)」の五十音順（昇順）でデータを並べ替えましょう。

＜完成例＞（1）

NO	姓	名	カナ(姓)	カナ(名)	性別	担当スポーツ	年齢	ボランティア活動回数
7	浅田	順	アサダ	ジュン	男	バレーボール	21	6
1	岩田	美穂	イワタ	ミホ	女	マラソン	18	1
6	岩田	彩	イワタ	アヤ	女	サッカー	23	4
10	岩田	雄貴	イワタ	ユウキ	男	サッカー	19	2
11	海野	貴	ウミノ	タカシ	男	バレーボール	21	3
12	梅田	理沙	ウメダ	リサ	女	バレーボール	20	6
5	古屋	栄作	フルヤ	エイサク	男	バレーボール	20	2
3	松原	博	マツバラ	ヒロシ	男	バレーボール	22	2
4	松原	美希	マツバラ	ミキ	女	バレーボール	20	5
9	松原	洋平	マツバラ	ヨウヘイ	男	サッカー	22	0
2	山口	勇	ヤマグチ	ユウ	男	マラソン	23	6

＜手順＞

（1）D2セルを選択し、[ホーム]タブの「並べ替えとフィルター」から「昇順」を選択します。

2. 下記の優先順位でデータを並べ替えましょう。
　　①「ボランティア活動回数」の多い順（降順）
　　②「年齢」の若い順（昇順）

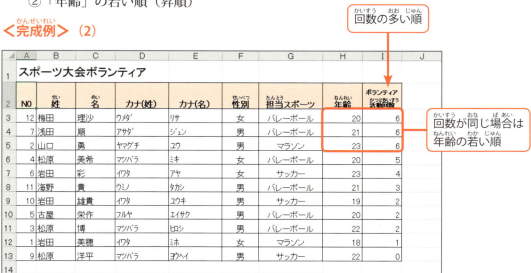

＜完成例＞（2）

回数の多い順

回数が同じ場合は年齢の若い順

<手順>

(1) 表内のセルを選択し、[ホーム]タブにある「並べ替えとフィルター」から「ユーザー設定の並べ替え」を選択します。

(2) 「並べ替え」ダイアログボックスが表示されるので、次のように並び順を指定します。
- 最優先されるキー ……………「ボランティア活動回数」の大きい順（降順）
- 次に優先されるキー …………「年齢」の小さい順（昇順）

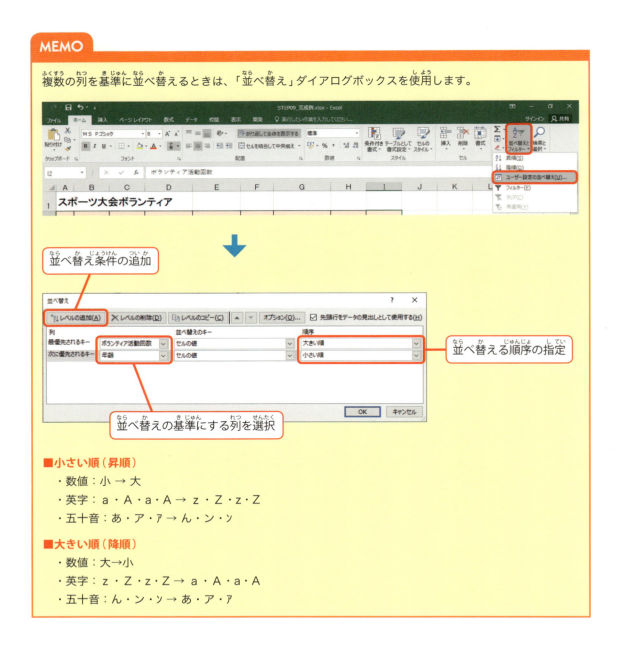

MEMO

複数の列を基準に並べ替えるときは、「並べ替え」ダイアログボックスを使用します。

並べ替え条件の追加

並べ替える順序の指定

並べ替えの基準にする列を選択

■ 小さい順（昇順）
- 数値：小 → 大
- 英字：a・A・a・A → z・Z・z・Z
- 五十音：あ・ア・ア → ん・ン・ン

■ 大きい順（降順）
- 数値：大 → 小
- 英字：z・Z・z・Z → a・A・a・A
- 五十音：ん・ン・ン → あ・ア・ア

3. 下記の条件でデータを抽出し、並べ替えましょう。ここではフィルターを使用します。

> 抽出条件：性別 .... 男
> 並び順：ボランティア活動回数 .... 少ない順（昇順）
> 　　　　NO .... 小さい順（昇順）

データが並べ替えられている列
昇順：⤵
降順：⤵

データが抽出されている列 ▼

＜完成例＞（3）

	A	B	C	D	E	F	G	H	I	J
1	スポーツ大会ボランティア									
2	NO▼	姓▼	名▼	カナ(姓)▼	カナ(名)▼	性別▼	担当スポーツ▼	年齢▼	ボランティア活動回数▼	
4	9	松原	洋平	マツバラ	ヨウヘイ	男	サッカー	22	0	
5	3	松原	博	マツバラ	ヒロシ	男	バレーボール	22	2	
7	5	古屋	栄作	フルヤ	エイサク	男	バレーボール	20	2	
9	10	岩田	雄貴	イワタ	ユウキ	男	サッカー	19	2	
10	11	海野	貴	ウミノ	タカシ	男	バレーボール	21	3	
11	2	山口	勇	ヤマグチ	ユウ	男	マラソン	23	6	
12	7	浅田	順	アサダ	ジュン	男	バレーボール	21	6	
14										

＜手順＞

（1）　表内のセルを選択し、［ホーム］タブにある「並べ替えとフィルター」から「フィルター」を選択します。

（2）　「性別」の▼をクリックし、「男」を選択します。

（3）　表内のセルを選択し、「ホーム」タブにある「並べ替えとフィルター」から「ユーザー設定の並べ替え」を選択します。

（4）　「並べ替え」ダイアログボックスが表示されるので、次のように並び順を指定します。
> ・最優先されるキー ....「ボランティア活動回数」の昇順
> ・次に優先されるキー ....「NO」の昇順

Step 09　抽出と並べ替え　**73**

9.3 テーブル

1. 「STEP09_入力.xlsx」を開き、「STEP09_3」のシートを選択します。「スポーツ大会ボランティア」の表をテーブルにしましょう。

＜完成例＞（1）

NO	姓	名	カナ(姓)	カナ(名)	性別	担当スポーツ	年齢	ボランティア活動回数
1	岩田	美穂	イワタ	ミホ	女	マラソン	18	1
2	山口	勇	ヤマグチ	ユウ	男	マラソン	23	6
3	松原	博	マツバラ	ヒロシ	男	バレーボール	22	2
4	松原	美希	マツバラ	ミキ	女	バレーボール	20	5
5	古屋	栄作	フルヤ	エイサク	男	バレーボール	20	2
6	岩田	彩	イワタ	アヤ	女	サッカー	23	4
7	浅田	順	アサダ	ジュン	男	バレーボール	21	6
9	松原	洋平	マツバラ	ヨウヘイ	男	サッカー	22	0
10	岩田	雄貴	イワタ	ユウキ	男	サッカー	19	2
11	海野	貴	ウミノ	タカシ	男	バレーボール	21	3
12	梅田	理沙	ウメダ	リサ	女	バレーボール	20	6

＜手順＞

（1） A2～I13の範囲を選択し、テーブルを作成します（下記のMemoを参照）。

MEMO

表をテーブルにすると、データの抽出、並べ替え、集計などを簡単に行えるようになります。テーブルを作成するときは、テーブルにする範囲を選択し、[挿入] タブにある「テーブル」をクリックします。続いて、ダイアログの内容を確認し、[OK] ボタンをクリックします。

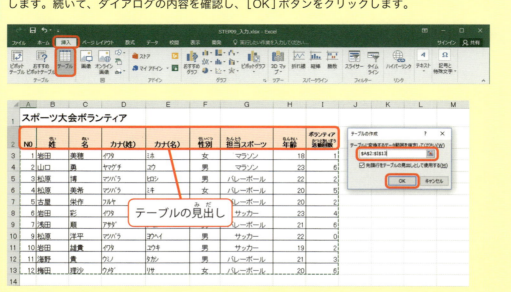

2. 下記の条件でデータを抽出し、並べ替えましょう。

　　　　　抽出条件：性別 .... 女
　　　　　　　　　　担当スポーツ .... 「バレーボール」または「サッカー」
　　　　　並び順：ボランティア活動回数 .... 多い順（降順）

＜完成例＞（2）

	A	B	C	D	E	F	G	H	I	J
1	スポーツ大会ボランティア									
2	No	せい 姓	めい 名	カナ(姓)	カナ(名)	せいべつ 性別	たんとう 担当スポーツ	ねんれい 年齢	かつどうかいすう ボランティア活動回数	
6	12	梅田	理沙	ウメダ	リサ	女	バレーボール	20	6	
8	4	松原	美希	マツバラ	ミキ	女	バレーボール	20	5	
13	6	岩田	彩	イワタ	アヤ	女	サッカー	23	4	
14										

＜手順＞

(1) 「性別」の ▼ をクリックし、「女」を選択します。

(2) 「担当スポーツ」の ▼ をクリックし、「バレーボール」と「サッカー」を選択します。

(3) 「ボランティア活動回数」の ▼ をクリックし、「降順」を選択します。

3. 下記のように表のレイアウトを変更しましょう。

＜完成例＞（3）

	A	B	C	D	E	F	G	H	I	J
1	スポーツ大会ボランティア									
2	No	せい 姓	めい 名	カナ(姓)	カナ(名)	せいべつ 性別	たんとう 担当スポーツ	ねんれい 年齢	かつどうかいすう ボランティア活動回数	
6	12	梅田	理沙	ウメダ	リサ	女	バレーボール	20	6	
8	4	松原	美希	マツバラ	ミキ	女	バレーボール	20	5	
13	6	岩田	彩	イワタ	アヤ	女	サッカー	23	4	
14										

＜手順＞

(1) 表内のセルを選択します。[デザイン]タブにある「テーブルスタイル」の ▼ をクリックし、「テーブルスタイル（淡色）7」を選択します。

Step 09　抽出と並べ替え　75

9.4	総合問題

1. 「STEP09_入力.xlsx」を開き、「STEP09_4」のシートにある表のデータを抽出し、並べ替えましょう。

     抽出条件：性別 .... 男
           担当スポーツ .... バレーボール
     並び順：身長 .... 高い順（降順）

＜完成例＞（1）

	A	B	C	D	E	F	G	H	I	J	K
1	スポーツ大会ボランティア										
2	N(	姓	名	カナ(姓)	カナ(名)	性別	担当スポーツ	身長	体重	年齢	
5	3	松原	伊吹	マツバラ	イブキ	男	バレーボール	185	72	22	
7	5	古屋	栄作	フルヤ	エイサク	男	バレーボール	180	70	20	
9	11	海野	知生	ウンノ	カズキ	男	バレーボール	178	70	21	
13	7	浅田	隼	アサダ	ジュン	男	バレーボール	177	69	21	
15											

＜手順＞

（1） 表内のセルを選択し、[ホーム] タブにある「並べ替えとフィルター」から「フィルター」を選択します。

（2）「性別」の▼をクリックし、「男」を選択します。

（3）「担当スポーツ」の▼をクリックし、「バレーボール」を選択します。

（4）「身長」の▼をクリックし、「降順」を選択します。

2. 問題1のフィルターを解除し、下記の条件でデータを抽出しましょう。

     抽出条件：カナ(姓) .... ヤマグチ

＜完成例＞（2）

	A	B	C	D	E	F	G	H	I	J	K
1	スポーツ大会ボランティア										
2	N(	姓	名	カナ(姓)	カナ(名)	性別	担当スポーツ	身長	体重	年齢	
4	2	山口	勇成	ヤマグチ	ユウセイ	男	マラソン	178	68	23	
15											

＜手順＞

(1) 表内のセルを選択し、［ホーム］タブにある「並べ替えとフィルター」から「フィルター」を再選択します。フィルターが解除され、各列の見出しにあった▼が削除されます。

(2) 表内のセルを選択し、［ホーム］タブにある「並べ替えとフィルター」から「フィルター」を選択し、もういちど▼を表示します。

(3) 「カナ(姓)」の▼をクリックし、検索欄に「ﾔﾏｸﾞﾁ」と半角カタカナで入力します。

3. 問題2のフィルターを解除し、表をテーブルにしましょう。その後、下記の条件でデータを抽出し、並べ替えて集計しましょう。テーブルのデザインには「テーブルスタイル(淡色)19」を指定します。

　　　　　抽出条件：担当スポーツ .... 「マラソン」または「水泳」
　　　　　　並び順：①「カナ(姓)」の昇順　　②「年齢」の昇順
　　　　　　　集計：B列 .... データの個数
　　　　　　　　　　H列 .... 最大値
　　　　　　　　　　I列 .... 最小値
　　　　　　　　　　J列 .... 平均

＜完成例＞（3）

	A	B	C	D	E	F	G	H	I	J	K
1	スポーツ大会ボランティア										
2	N(▼)	姓 ▼	名 ▼	カナ(姓) ▼	カナ(名) ▼	性別 ▼	担当スポーツ ▼	身長 ▼	体重 ▼	年齢 ▼	
3	1	岩田	美穂	ｲﾜﾀ	ﾐﾎ	女	マラソン	166	56	18	
4	10	岩田	雄貴	ｲﾜﾀ	ﾕｳｷ	男	水泳	175	73	19	
8	6	岩田	絢	ｲﾜﾀ	ｱﾔ	女	水泳	155	58	23	
12	2	山口	勇成	ﾔﾏｸﾞﾁ	ﾕｳｾｲ	男	マラソン	178	68	23	
15	集計	4						178	56	20.75	
16											

＜手順＞

(1) 表内のセルを選択し、［ホーム］タブにある「並べ替えとフィルター」から「フィルター」を再選択します。フィルターが解除され、各列の見出しにあった▼が削除されます。

(2) A2〜J14のセル範囲を選択し、［挿入］タブにある「テーブル」をクリックして表をテーブルにします。

(3) 「担当スポーツ」の▼をクリックし、「マラソン」と「水泳」を選択します。

Step 09　抽出と並べ替え | **77**

（4） 表内のセルを選択し、［データ］タブにある「並べ替え」をクリックします。表示されたダイアログボックスで、並び順を以下のように設定します。
- ・最優先されるキー ....「カナ(姓)」の昇順
- ・次に優先されるキー ....「年齢」の小さい順（昇順）

（5） 表内のセルを選択し、［デザイン］タブにある「集計行」をチェックします。15行目に集計行が挿入されます。

（6） 集計行のセルを選択すると表示される ▼ をクリックし、以下のように指定します。
- ・B15セル ....個数（データの個数）
- ・H15セル ....最大（最大値）
- ・I15セル ....最小（最小値）
- ・J15セル ....平均

（7） 表内のセルを選択し、［デザイン］タブにある「テーブル スタイル」の ▼ をクリックして「テーブル スタイル (淡色) 19」を選択します。

MEMO

集計行の集計方法は、セルを選択すると表示される ▼ をクリックし、プルダウンメニューから選択します。

Step 10 条件付き書式とスパークライン

10.1 条件付き書式

ここでは［ホーム］タブにある「条件付き書式」コマンドを使用します。

1. 「STEP10_入力.xlsx」を開き、「STEP10_1」のシートを選択しましょう。この表は「EXCELテスト結果」を示しています。

2. B3～B12の範囲に、次のように「条件付き書式」を指定しましょう。

　　① 条件：80点より大きい　　書式：濃い緑の文字、緑の背景
　　② 条件：50点より小さい　　書式：濃い赤の文字、明るい赤の背景

＜完成例＞

<手順>

(1) B3〜B12の範囲を選択し、[ホーム]タブにある「条件付き書式」から「セルの強調表示ルール」→「指定の値より大きい」を選択します。表示されたダイアログボックスに①の条件付き書式を指定します。

(2) B3〜B12の範囲を選択し、[ホーム]タブにある「条件付き書式」から「セルの強調表示ルール」→「指定の値より小さい」を選択します。表示されたダイアログボックスに②の条件付き書式を設定します。

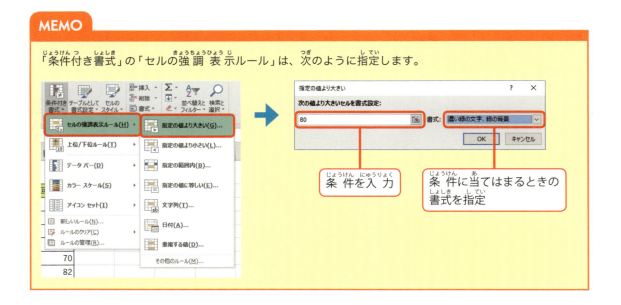

MEMO
「条件付き書式」の「セルの強調表示ルール」は、次のように指定します。
条件を入力
条件に当てはまるときの書式を指定

3. C3〜C12の範囲に、次のように「条件付き書式」を指定しましょう。
　　① 条件：上位20%　　書式：濃い緑の文字、緑の背景
　　② 条件：平均より下　書式：濃い赤の文字、明るい赤の背景

<完成例>

	A	B	C	D	E
1	EXCELテスト結果				
2	受験番号	1回目	2回目	3回目	4回目
3	AA001	45	95	60	97
4	AA002	60	30	45	45
5	AA003	90	84	80	60
6	AA004	80	71	50	89
7	AA005	94	85	70	70
8	AA006	81	89	90	82
9	AA007	55	81	20	30
10	AA008	49	75	45	31
11	AA009	92	78	77	68
12	AA010	50	69	63	21
13					

<手順>

(1) C3～C12の範囲を選択し、[ホーム]タブにある「条件付き書式」から「上位/下位ルール」→「上位10%」を選択します。表示されたダイアログボックスに①の条件付き書式を設定します。

(2) C3～C12の範囲を選択し、[ホーム]タブにある「条件付き書式」から「上位/下位ルール」→「平均より下」を選択します。表示されたダイアログボックスに②の条件付き書式を設定します。

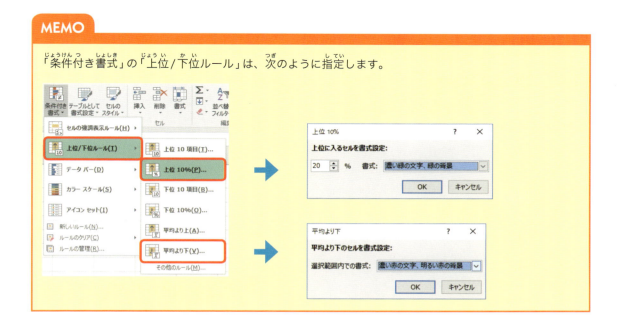

MEMO
「条件付き書式」の「上位/下位ルール」は、次のように指定します。

4. D3～D12の範囲に、次のように「条件付き書式」を指定しましょう。
   - データ バー：塗りつぶし（グラデーション）オレンジ

＜完成例＞

	A	B	C	D	E
1	EXCELテスト結果				
2	受験番号	1回目	2回目	3回目	4回目
3	AA001	45	95	60	97
4	AA002	60	30	45	45
5	AA003	90	84	80	60
6	AA004	80	71	50	89
7	AA005	94	85	70	70
8	AA006	81	89	90	82
9	AA007	55	81	20	30
10	AA008	49	75	45	31
11	AA009	92	78	77	68
12	AA010	50	69	63	21

＜手順＞

（1） D3～D12の範囲を選択し、[ホーム]タブにある「条件付き書式」から「データ バー」
→「塗りつぶし（グラデーション）オレンジ」を選択します。

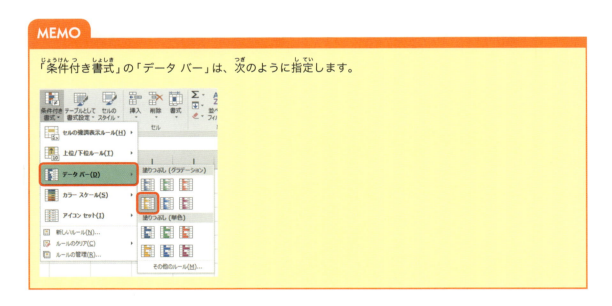

5. E3～E12の範囲に、次のように「条件付き書式」を指定しましょう。

① 80％以上 .... ⬆のアイコン
② 80％未満で30％以上 .... ➡のアイコン
③ 30％未満 .... ⬇のアイコン

＜完成例＞

	A	B	C	D	E	F
1	EXCELテスト結果					
2	受験番号	1回目	2回目	3回目	4回目	
3	AA001	45	95	60 ⬆	97	
4	AA002	60	30	45 ➡	45	
5	AA003	90	84	80 ➡	60	
6	AA004	80	71	50 ⬆	89	
7	AA005	94	85	70 ➡	70	
8	AA006	81	89	90 ⬆	82	
9	AA007	55	81	20 ⬇	30	
10	AA008	49	75	45 ⬇	31	
11	AA009	92	78	77 ➡	68	
12	AA010	50	69	63 ⬇	21	
13						

＜手順＞

(1) E3～E12の範囲を選択し、[ホーム] タブにある「条件付き書式」から「アイコンセット」→「3つの矢印（色分け）」を選択します。

(2) E3～E12の範囲を選択し、[ホーム] タブにある「条件付き書式」から「ルールの管理」を選択します。

(3) 「条件付き書式ルールの管理」が表示されるので、[ルールの編集] ボタンをクリックします。

(4) 「書式ルールの編集」が表示されるので、それぞれの条件を指定しなおします。

MEMO

「条件付き書式」の「アイコンセット」は、次のように指定します。

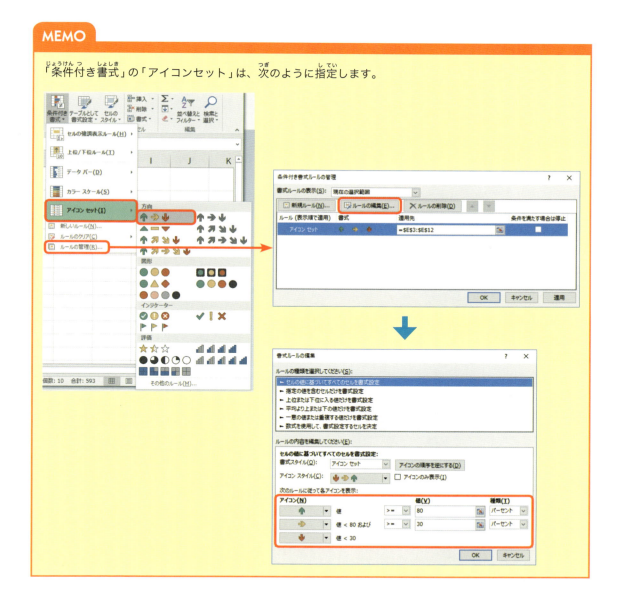

Step 10 条件付き書式とスパークライン | 83

10.2 スパークライン

ここでは、次のコマンドを使用します。

■スパークラインの挿入

■スパークラインの編集

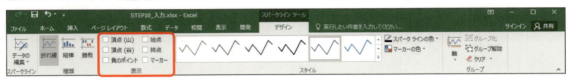

※このタブはスパークラインを選択しているときだけ表示されます。

1. 「STEP10_入力.xlsx」を開き、「STEP10_2」のシートを選択しましょう。この表は「EXCELテスト結果」を示しています。

	A	B	C	D	E	F
1	EXCELテスト結果					
2	受験番号	1回目	2回目	3回目	4回目	スパークライン
3	AA001	50	95	98	97	
4	AA002	60	30	93	83	
5	AA003	90	84	96	100	
6	AA004	85	71	96	89	
7	AA005	20	50	70	80	
8						

2. F3～F7の範囲に、次のようにスパークラインを挿入しましょう。

＜完成例＞

	A	B	C	D	E	F
1	EXCELテスト結果					
2	受験番号	1回目	2回目	3回目	4回目	スパークライン
3	AA001	50	95	98	97	
4	AA002	60	30	93	83	
5	AA003	90	84	96	100	
6	AA004	85	71	96	89	
7	AA005	20	50	70	80	
8						

＜手順＞

（1）B3～E7の範囲を選択し、［挿入］タブにある「折れ線」をクリックします。表示されたダイアログボックスに下記の設定を指定します。
　　　・データ範囲　　　B3:E7（B3～B7の範囲を選択しているので指定済み）
　　　・場所の範囲　　　$F$3:$F$7

（2）F3～F7のいずれかのセルを選択し、［デザイン］タブにある「マーカー」をチェックします。

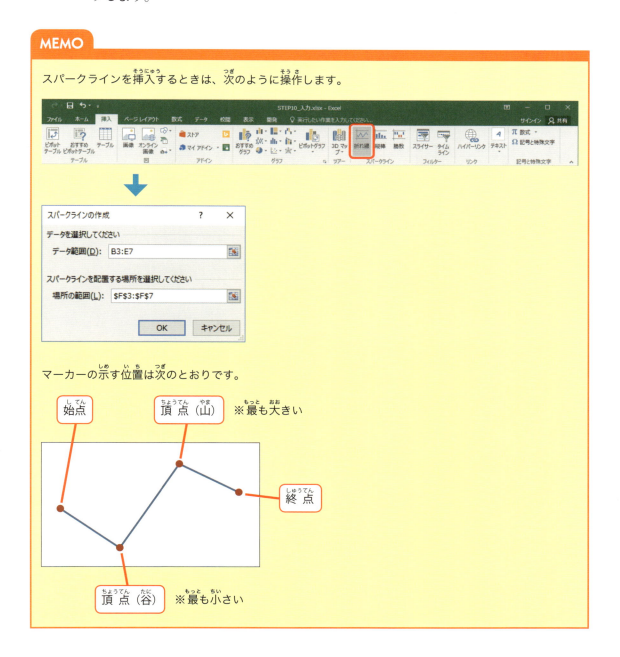

Step 10　条件付き書式とスパークライン

10.3 総合問題

1. 「STEP10_入力.xlsx」を開き、「STEP10_3」のシートにある表を下図のように編集しましょう。

＜完成例＞ ※ 完成例の全体は「STEP10_完成例.xlsx」を見てください。

	A	B	C	D	E	F	G
1	都道府県別　中学校の生徒数　（出典：「文部科学省、学校基本調査のデータ」）						
2	都道府県別	2014	2015	2016	2017	2018	推移
3	東京	311,841	310,874	306,820	304,199	300,085	
4	神奈川	236,462	235,344	232,971	229,641	225,555	
5	大阪	248,947	244,705	238,200	232,262	225,305	
6	愛知	219,348	216,944	213,816	210,948	206,910	
7	埼玉	196,228	195,156	193,238	190,182	186,891	
8	千葉	165,446	165,031	163,368	161,500	157,979	
9	兵庫	158,659	156,364	152,827	149,600	145,111	
10	福岡	141,493	140,874	139,161	136,806	134,450	
11	北海道	137,026	135,857	134,328	131,051	126,986	

※ ウィンドウ枠を固定し、スクロールしてもタイトル行・列が見えるようにしましょう。

※ 2014～2018年の生徒数に、次のように「条件付き書式」を設定しましょう。
　　　① 条件：生徒数の上位10%　　書式：濃い緑の文字、緑の背景
　　　② 条件：生徒数の下位10%　　書式：濃い赤の文字、明るい赤の背景

※ 「推移」の列に「折れ線」のスパークラインを挿入し、「頂点（山）」と「頂点（谷）」にマーカーを設定しましょう。

＜手順＞

（1）B3を選択し、[表示] タブにある「ウィンドウ枠の固定」から「ウィンドウ枠の固定」を選択します。

（2）B3～B49の範囲を選択し、[ホーム]タブにある「条件付き書式」から「上位/下位ルール」→「上位10%」を選択します。表示されたダイアログボックスに①の条件付き書式を指定します。

（3）B3～B49の範囲を選択し、[ホーム]タブにある「条件付き書式」から「上位/下位ルール」→「下位10%」を選択します。表示されたダイアログボックスに②の条件付き書式を設定します。

（4）B3～B49の書式をコピーし、C3～C49、D3～D49、E3～E49、F3～F49の範囲にそれぞれ貼り付けます。

86

(5) B3～F49の範囲を選択し、[挿入] タブにある「折れ線」をクリックします。表示されたダイアログボックスに下記の設定を指定します。
- データ範囲　　B3:F49（B3～F49の範囲を選択しているので指定済み）
- 場所の範囲　　$G$3:$G$49

(6) G3～G49のいずれかのセルを選択し、[デザイン] タブにある「頂点（山）」と「頂点（谷）」をチェックします。

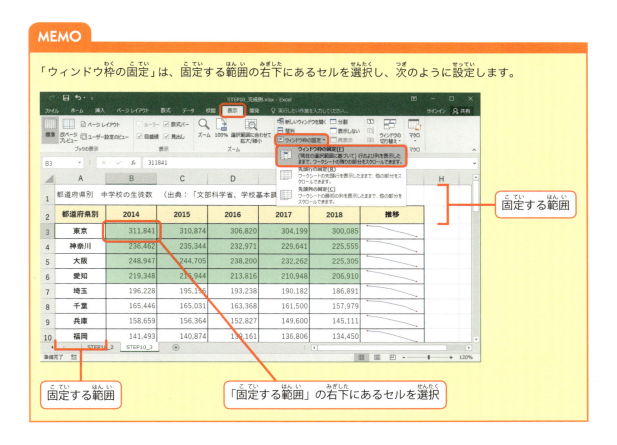

Step 10　条件付き書式とスパークライン

ここで使用する主なコマンドは下記のとおりです。

■画像や図形の挿入

■画像の編集

※このタブは画像を選択しているときだけ表示されます。

■図形の編集

※このタブは図形を選択しているときだけ表示されます。

　このステップで使用する入力ファイルは、次ページに示したの図のようになっています。「STEP11_入力.xlsx」を開き、「201908」のシートを選択すると、2019年8月のカレンダーが表示されます。次のように日付を入力して、他の月に変更することも可能です。

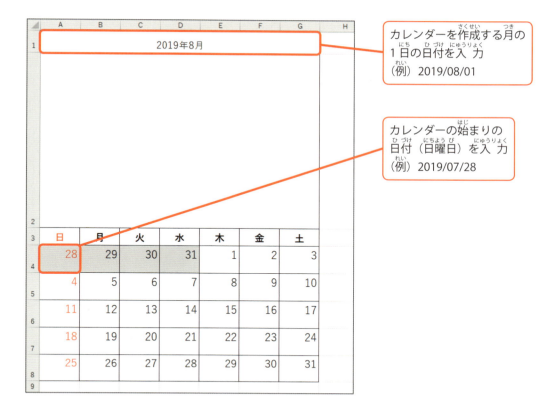

11.1 画像

1. A2 セルに画像とワードアートを挿入しましょう。

   ＜完成例＞

Step 11　画像と図形　**89**

<手順>

(1) A2セルを選択し、[ホーム]タブにある「塗りつぶしの色」から「青、アクセント1、白＋基本色60％」を選択します。

(2) A2セルを選択し、[挿入]タブにある「画像」をクリックします。パソコンに保存されている画像を探し、「みなとみらい.png」（画像ファイル）を選択します。

(3) 挿入された画像を選択し、[書式]タブにある「図のスタイル」の▼をクリックして「回転、白」を選択します。

(4) 画像の四隅にあるハンドルをドラッグして大きさと位置を調整します。

(5) [挿入]タブにある「ワードアート」をクリックし、好きなデザインを選択します。

　　※「ワードアート」コマンドは「テキスト」グループにあります。

(6) ワードアートのテキストボックスに「みなとみらい」と入力します。文字をドラッグして選択し、フォントサイズを36に変更します。続いて、ワードアートの位置を調整します。

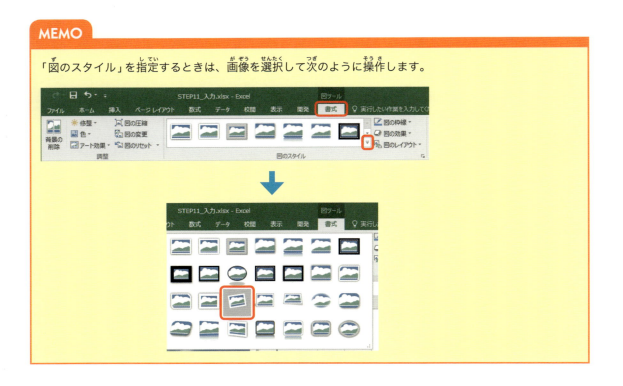

MEMO
「図のスタイル」を指定するときは、画像を選択して次のように操作します。

MEMO

ワードアートを挿入するときは、次のように操作します。

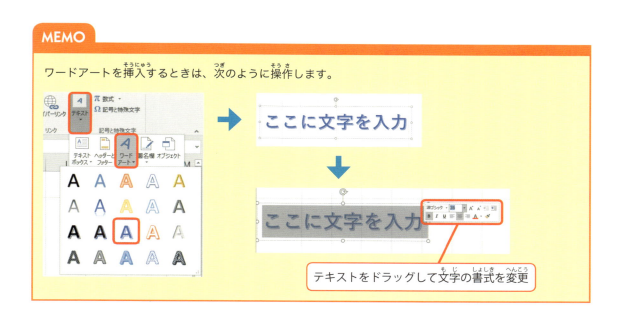

MEMO

ワークシートに画像を挿入する方法は、次のような方法が用意されています。

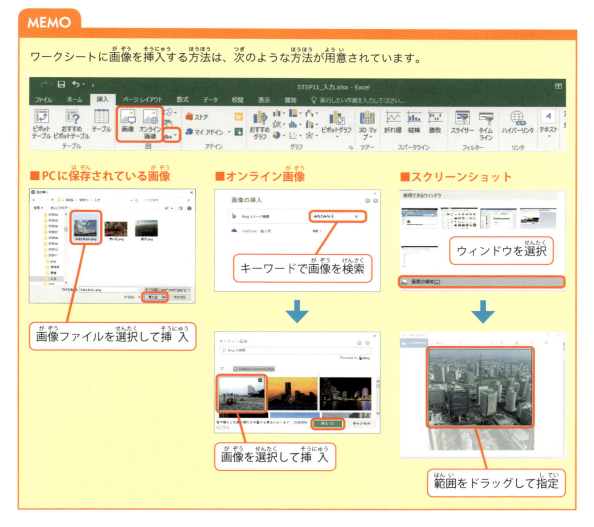

11.2 図形

1. カレンダーに図形を挿入しましょう。

    ＜完成例＞

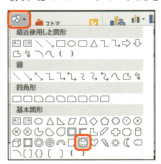

    ※ 8月12日に「スマイル」の図形を挿入します。

    ※ 8月21日～8月23日の範囲にテキストボックスを挿入し、「夏期講習」と入力します。

    ＜手順＞

    (1) ［挿入］タブにある「図形」をクリックし、一覧から「スマイル」の図形を選択します。

    (2) 8月12日（B6セル）のところでマウスをドラッグし、図形を描画します。

    (3) 図形を選択し、［書式］タブにある「図形の塗りつぶし」から「オレンジ、アクセント2、白＋基本色40％」を選択します。

    (4) ［挿入］タブにある「テキストボックス」をクリックします。

    ※「テキストボックス」コマンドは「テキスト」グループにあります。

    (5) 8月21日～8月23日（D7～F7）の範囲をドラッグして「横書きテキストボックス」を描画します。続いて、テキストボックス内に「夏期講習」と入力します。

（6） テキストボックスを選択し、［書式］タブにある「図形の塗りつぶし」から「緑、アクセント6、白+基本色60％」を選択します。

11.3 総合問題

1. 「STEP11_入力.xlsx」を開き、「201909」と「201910」のシートにカレンダーを作成しましょう。または「入力例」シートを参考に、好きな年月のカレンダーを作成しましょう。

＜完成例＞

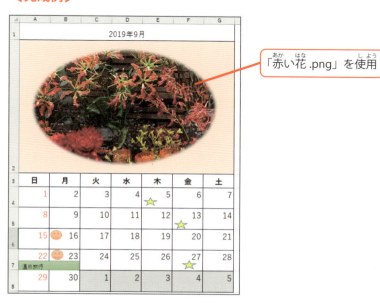

「赤い花.png」を使用

「都庁.png」を使用

「吹き出し」の図形を使用

Step 12 総合問題

12.1 総合問題1

1. 「STEP12_入力.xlsx」を開き、「STEP12_1」のシートにある表を下図のように編集しましょう。

＜完成例＞

	A	B	C	D	E	F	G	H
1	＊＊＊出席率・全て１００％の人は皆勤賞＊＊＊							
2		4月	5月	6月	合計			
3	授業時間数	60	72	75	207			
4								
5	出席率一覧							
6		4月	5月	6月	出席時間合計	出席率	皆勤章	
7	学生A	55	70	70	195	94.2%		
8	学生B	60	72	75	207	100.0%	◎	
9	学生C	56	72	75	203	98.1%		
10	学生D	60	70	75	205	99.0%		
11	学生E	60	72	75	207	100.0%	◎	
12	学生F	60	72	75	207	100.0%	◎	
13	学生G	60	70	75	205	99.0%		
14	学生H	60	72	75	207	100.0%	◎	
15	学生I	59	72	75	206	99.5%		
16								

- E3 セルに、4～6月の授業時間数の合計を求めます。
- E7～E15 の範囲に、4～6月の出席時間の合計を求めます。
- F7～F15 の範囲に、4～6月の出席率を求めます。
  - ① 出席率＝出席時間合計／授業時間数の合計 （小数点以下4桁で四捨五入）
  - ② 表示形式を「％」に変更し、小数点以下1桁まで表示
- 出席率が 100％ の学生は G7～G15 の範囲に「◎」を表示し、それ以外の場合は空白にします。文字の色は赤にします。
- 完成例を参考に罫線と書式を設定します。
- ページレイアウトの「印刷の向き」を「横」にします。

94

＜手順＞

（1）B3 ～ D3 の範囲を合計する関数「=SUM(B3:D3)」を E3 セルに入力します。

（2）B7 ～ D7 の範囲を合計する関数「=SUM(B7:D7)」を E7 セルに入力します。

（3）出席率を求める数式（出席時間合計／授業時間数の合計）を F7 セルに入力し、関数 Round で小数点以下 4 桁を四捨五入します。

=ROUND(E7/$E$3,3)

（4）F7 セルの表示形式を「%」に変更し、小数点以下 1 桁まで表示します。

（5）G7 セルに関数 IF を入力し、出席率（F7）が 1 に等しい場合は " ◎ "、それ以外の場合は空白 "" を表示します。

=IF(F7=1," ◎ ","")

（6）G7 セルのフォントの色を「赤」に変更し、配置を中央揃えにします。

（7）E7 ～ G7 を選択し、15 行目までオートフィルでコピーします。

（8）セルの書式を以下のように指定します。

セル	書式
A1	フォント：サイズ 18pt、太字
A2 ～ E3	罫線：格子 & 太い外枠
A2 ～ E2	罫線：下二重罫線
A2	罫線：右下斜め罫線　※「その他の罫線」で指定
A2 ～ E2	フォント：太字　中央揃え　背景：緑、アクセント 6、白＋基本色 80%
A3	背景：ゴールド、アクセント 4、白＋基本色 80%
A5	フォント：サイズ 16pt、太字
A6 ～ G15	罫線：格子 & 太い外枠
A6 ～ G6	罫線：下二重罫線
A6	罫線：右下斜め罫線　※「その他の罫線」で指定
A6 ～ G6	フォント：太字　中央揃え　背景：緑、アクセント 6、白＋基本色 80%
A7 ～ A15	背景：ゴールド、アクセント 4、白＋基本色 80%

（9）A ～ G 列を選択し、「列の幅」を 11.00（93 ピクセル）に変更します。

（10）［ページレイアウト］タブで「印刷の向き」を「横」に変更します。

12.2 総合問題2

1. 「STEP12_入力.xlsx」を開き、「STEP12_2」のシートにある表を使って下図のようにグラフを作成しましょう。

＜完成例＞

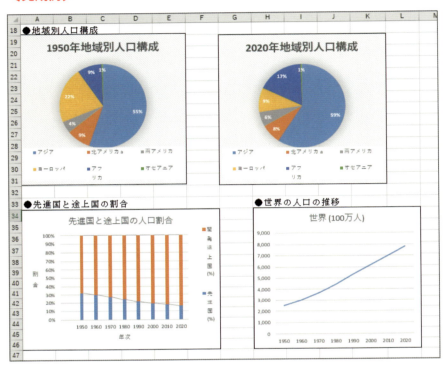

（印刷プレビューで見た場合）

■ 1950 年地域別人口構成 （A19 〜 E31 の範囲に作成）

1950 年の「地域別人口構成」を示した円グラフを作成します。

- データ範囲：C4 〜 H5
- グラフスタイル：スタイル 11

■ 2020 年地域別人口構成 （G19 〜 K31 の範囲に作成）

2020 年の「地域別人口構成」を示した円グラフを作成します。

- データ範囲：C4 〜 H4、C12 〜 H12
- グラフスタイル：スタイル 11

■ 先進国と途上国の人口割合 （A34 〜 F46 の範囲に作成）

1950 〜 2020 年の「先進国」と「開発途上国」の人口割合の推移を示した「100％積み上げ縦棒グラフ」を作成します。

- データ範囲：A3 〜 A12、I3 〜 J12
- クイックスタイル：レイアウト 8
- 縦軸ラベル：割合（縦書き）　　横軸ラベル：年次

■ 世界人口の推移 （H34 〜 L46 の範囲に作成）

1950 〜 2020 年の「世界」の人口推移を示した「折れ線グラフ」を作成します。

- データ範囲：B5 〜 B12
- 凡例の範囲：A3 〜 A12
- 「お勧めグラフ」の「折れ線グラフ」を使用

※ 各グラフに「色：黒、太さ：1pt」の枠線を指定します。

※ ヘッダー、フッダーを以下のように指定します。
- ヘッダー：中央部「世界人口の推移分析」
  　　　　　右側「名前」（1 行目）、「日付」（2 行目）
- フッター：中央部「ページ番号」/「ページ総数」

※ A4 サイズの用紙 1 枚に印刷できるようにページを設定します。

＜手順＞

■ 1950 年地域別人口構成 （円グラフ）

（1） C4 〜 H5 を選択し、[挿入] タブにある「円グラフ」から「2-D　円グラフ」を選択します。

（2） [デザイン] タブにある「グラフ スタイル」の ▾ をクリックし、「スタイル 11」を選択します。

（3） グラフタイトルに「1950 年地域別人口構成」と入力します。

（4） A19 〜 E31 の範囲に収まるように、グラフの位置とサイズを調整します。
　　※ ［Alt］キーを押しながら操作します。

（5） 凡例のハンドルをドラッグし、凡例の表示範囲を大きくします。

■ 2020 年地域別人口構成（円グラフ）

（1） C4 〜 H4 と C12 〜 H12 を同時に選択し、［挿入］タブにある「円グラフ」から「2-D 円グラフ」を選択します。

（2） ［デザイン］タブにある「グラフ スタイル」の ▽ をクリックし、「スタイル 11」を選択します。

（3） グラフタイトルに「2020 年地域別人口構成」と入力します。

（4） G19 〜 K31 の範囲に収まるように、グラフの位置とサイズを調整します。
　　※ ［Alt］キーを押しながら操作します。

（5） 凡例のハンドルをドラッグし、凡例の表示範囲を大きくします。

■ 先進国と途上国の人口割合（100％積み上げ縦棒グラフ）

（1） A3 〜 A12 と I3 〜 J12 を同時に選択し、［挿入］タブの「グラフ」グループにある ⛶ をクリックします。

（2） 「グラフの挿入」ダイアログが表示されるので、［すべてのグラフ］タブを選択し、「縦棒」の中から「100％積み上げ縦棒」を選びます。続いて、「先進国」と「開発途上国」の人口が積み上げられているグラフを選択します。
　　※ 他のグラフを選択すると、変更する箇所が多くなります。

（3） ［デザイン］タブにある「クイック レイアウト」をクリックし、「レイアウト 8」を選択します。

（4） グラフタイトルに「先進国と途上国の人口割合」と入力します。

（5） A34 〜 F46 の範囲に収まるように、グラフの位置とサイズを調整します。
　　※ ［Alt］キーを押しながら操作します。

（6） 凡例のハンドルをドラッグし、凡例の表示範囲を大きくします。

（7） 縦軸の軸ラベルを選択し、［ホーム］タブにある「方向」から「縦書き」を選択します。続いて、軸ラベルに「割合」と入力します。

（8） 横軸の軸ラベルに「年次」と入力します。

■世界人口の推移（折れ線グラフ）

（1）　A3 〜 B12 を選択し、［挿入］タブにある「お勧めグラフ」をクリックします。

（2）　「グラフの挿入」ダイアログが表示されるので、「折れ線」を選択します。

（3）　H34 〜 L46 の範囲に収まるように、グラフの位置とサイズを調整します。
　　　※［Alt］キーを押しながら操作します。

■枠線とページの設定

（1）　各グラフのグラフエリアを選択します。［書式］タブにある「図形の枠線」をクリックし、枠線の書式を「色：黒、太さ：1pt」に指定します。

（2）　［ページレイアウト］タブにある「印刷タイトル」をクリックし、ヘッダー・フッターを次のように設定します。
　　　　　・ヘッダー：中央部「世界人口の推移分析」
　　　　　　　　　　　右側「名前」（1 行目）、「日付」（2 行目）
　　　　　・フッター：中央部「ページ番号」/「総ページ数」

（3）　画面表示を「改ページプレビュー」に切り替えて、A4 サイズ（縦）の用紙 1 枚に印刷できるように設定を変更します。

Step 12　総合問題 | **99**

12.3 総合問題3

1. 「STEP12_入力.xlsx」を開き、「STEP12_3」のシートにある表をもとに下図のような表を作成しましょう。

＜完成例＞　※1ページ目は省略しています。

	A	B	C	D	E	F	G	H	I	J	K
22											
23	(1)ピアノができる男の人										
24	番号	氏名	フリガナ	性別	住所	生年月日	学校	楽器など	英語	中国語	スペイン語
25	8	片山 明夫	カタヤマ アキオ	男	千葉県	1999年1月15日	大学	ピアノ	○		
26											
27	(2)東京に住所があるスペイン語が話せる大学生										
28	番号	氏名	フリガナ	性別	住所	生年月日	所属	楽器など	英語	中国語	スペイン語
29	4	落合 唯	オチアイ ユイ	女	東京都	1998年12月8日	大学	フルート		○	○
30	12	武田 幸	タケダ ユキ	女	東京都	1998年1月19日	大学	ピアノ	○		○
31	11	田中 雅之	タナカ マサユキ	男	東京都	1998年12月8日	大学	クラリネット	○		○
32											
33	(3)中国とスペイン語ができる人										
34	番号	氏名	フリガナ	性別	住所	生年月日	所属	楽器など	英語	中国語	スペイン語
35	4	落合 唯	オチアイ ユイ	女	東京都	1998年12月8日	大学	フルート		○	○
36	9	川村 雅子	カワムラ マサコ	女	東京都	1996年8月8日	会社員	ギター	○	○	○
37	12	武田 幸	タケダ ユキ	女	東京都	1998年1月19日	大学	ピアノ	○	○	○
38	13	遠藤 和子	エンドウ カズコ	女	神奈川県	1998年1月10日	大学	サックス		○	○
39	17	大谷 千恵子	オオタニ チエコ	女	埼玉県	1997年1月19日	会社員	ボーカル	○	○	○
40	20	佐藤 裕子	サトウ ユウコ	女	埼玉県	1998年5月6日	大学	ピアノ		○	○
41											
42	(4)ギターまたはドラムができる人										
43	番号	氏名	フリガナ	性別	住所	生年月日	所属	楽器など	英語	中国語	スペイン語
44	2	石井 隆	イシイ リュウ	男	東京都	1999年5月7日	専門学校	ドラム	○		
45	9	川村 雅子	カワムラ マサコ	女	東京都	1996年8月8日	会社員	ギター	○	○	○
46	7	斉藤 一	サイトウ ハジメ	男	東京都	1999年9月20日	大学	ギター	○		
47	16	水野 実	ミズノ ミノル	男	神奈川県	1997年12月7日	大学	ドラム	○		
48	14	加藤 道人	カトウ ミチト	男	埼玉県	1998年12月11日	大学	ギター			

（印刷プレビューで見た場合）

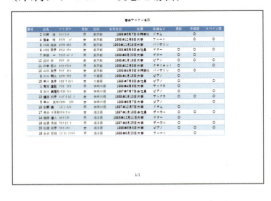 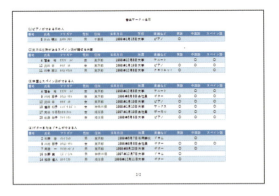

- A1～K21の範囲にテーブルを設定します。
- 次の条件で並べ替えます。
  　並び順：「住所」の降順 ＞「フリガナ」の昇順

・次の条件でデータを抽出し、結果をコピーして指定の場所に貼り付けます。
　　　①「ピアノ」ができる「男」の人（A24 セルに貼り付け）
　　　②「東京」に住所がある「スペイン語」が話せる「大学生」（A28 セルに貼り付け）
　　　③「中国語」と「スペイン語」ができる人（A34 セルに貼り付け）
　　　④「ギター」または「ドラム」ができる人（A43 セルに貼り付け）

・ヘッダー、フッターを以下のように指定します。
　　　ヘッダー：中央部「シート名」
　　　フッター：中央部「ページ番号」/「ページ総数」

・21 行目で改行し、A4 サイズ（横）の用紙 2 枚に印刷できるように設定します。

・シート名を「音楽サークル名簿」に変更します。

＜手順＞

（1）A1 セルを選択し、［挿入］タブにある「テーブル」をクリックします。

（2）［データ］タブにある「並べ替え」をクリックし、次のように設定します。
　　　・最優先されるキー ....「住所」の降 順
　　　・次に優先されるキー ....「フリガナ」の昇 順

■ピアノができる男の人

（1）「楽器など」（H1）の ▼ をクリックし、「ピアノ」を選択します。

（2）「性別」（D1）の ▼ をクリックし、「男」を選択します。

（3）抽出されたデータ（表）をコピーし、A24 セルを選択して貼り付けます。

（4）テーブル内にあるセル（A1 ～ K21）を選択し、［データ］タブにある「クリア」をクリックします。　※フィルター条件がすべて解除されます。

■東京に住所があるスペイン語が話せる大学生

（1）「住所」（E1）の ▼ をクリックし、「東京都」を選択します。

（2）「スペイン語」（K1）の ▼ をクリックし、「○」を選択します。

（3）「所属」（G1）の ▼ をクリックし、「大学」を選択します。

（4）抽出されたデータ（表）をコピーし、A28 セルを選択して貼り付けます。

（5）テーブル内にあるセル（A1 ～ K21）を選択し、［データ］タブにある「クリア」をクリックします。　※フィルター条件がすべて解除されます。

Step 12　総合問題　**101**

■ 中国語とスペイン語ができる人

(1) 「中国語」（J1）の ▼ をクリックし、「〇」を選択します。

(2) 「スペイン語」（K1）の ▼ をクリックし、「〇」を選択します。

(3) 抽出されたデータ（表）をコピーし、A34 セルを選択して貼り付けます。

(4) テーブル内にあるセル（A1 〜 K21）を選択し、[データ] タブにある「クリア」をクリックします。　※フィルター条件がすべて解除されます。

■ ギターまたはドラムができる人

(1) 「楽器など」（H1）の ▼ をクリックし、「ギター」と「ドラム」を選択します。

(2) 抽出されたデータ（表）をコピーし、A43 セルを選択して貼り付けます。

(3) テーブル内にあるセル（A1 〜 K21）を選択し、[データ] タブにある「クリア」をクリックします。　※フィルター条件がすべて解除されます。

■ 改ページとヘッダー・フッターの指定

(1) [ページレイアウト] タブにある「印刷タイトル」をクリックし、ヘッダー・フッターを次のように設定します。
　　　　・ヘッダー：中央部「シート名」
　　　　・フッター：中央部「ページ番号」/「総ページ数」

(2) [ページレイアウト] にある「印刷の向き」から「横」を選択します。

(3) 画面表示を「改ページプレビュー」に切り替えて、23 行目以降が 1 ページに出力されるように設定します。

(4) シート名を「音楽サークル名簿」に変更します。

12.4 　総合問題4

1. 「STEP12_入力.xlsx」を開き、「STEP12_4」のシートにある表を下図のように編集しましょう。

＜完成例＞

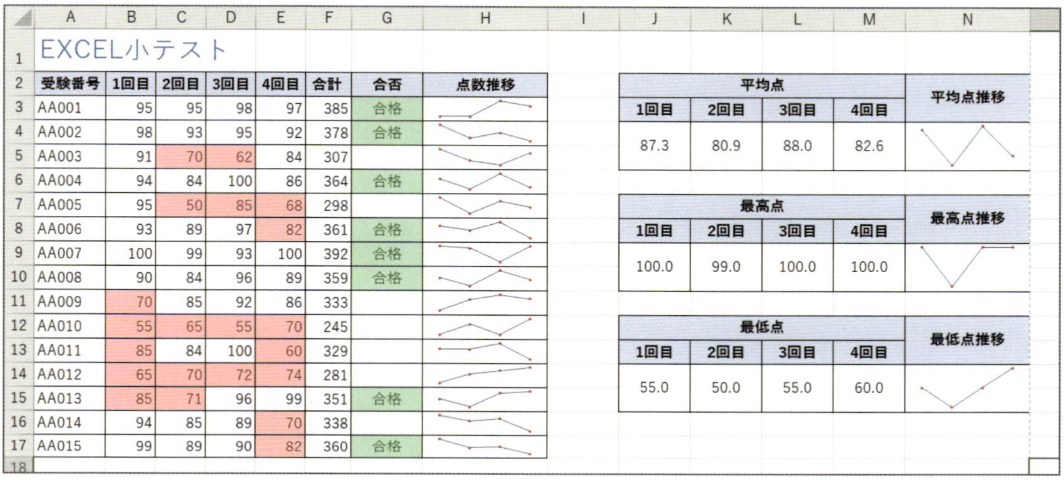

	A	B	C	D	E	F	G	H
1	EXCEL小テスト							
2	受験番号	1回目	2回目	3回目	4回目	合計	合否	点数推移
3	AA001	95	95	98	97	385	合格	
4	AA002	98	93	95	92	378	合格	
5	AA003	91	70	62	84	307		
6	AA004	94	84	100	86	364	合格	
7	AA005	95	50	85	68	298		
8	AA006	93	89	97	82	361	合格	
9	AA007	100	99	93	100	392	合格	
10	AA008	90	84	96	89	359	合格	
11	AA009	70	85	92	86	333		
12	AA010	55	65	55	70	245		
13	AA011	85	84	100	60	329		
14	AA012	65	70	72	74	281		
15	AA013	85	71	96	99	351	合格	
16	AA014	94	85	89	70	338		
17	AA015	99	89	90	82	360	合格	

平均点				平均点推移
1回目	2回目	3回目	4回目	
87.3	80.9	88.0	82.6	

最高点				最高点推移
1回目	2回目	3回目	4回目	
100.0	99.0	100.0	100.0	

最低点				最低点推移
1回目	2回目	3回目	4回目	
55.0	50.0	55.0	60.0	

・小テスト結果の1回目（B3～B17）、2回目（C3～C17）、3回目（D3～D17）、4回目（E3～E17）の点数について、それぞれ次の「条件付き書式」を指定します。

　　　条件：平均点より下
　　　書式：濃い赤の文字、明るい赤の背景

・各受験者の点数の「合計」（F3～F17）を求めます。

・関数IFを使用して「合否」の判定（G3～G17）を下記のように指定します。

　　　「合計」が350点以上の場合..............「合格」と表示
　　　それ以外の場合 ....空白

・「合否」（G3～G17）に次の「条件付き書式」を指定します。

　　　条件：「合格」を含む
　　　書式：濃い緑の文字、緑の背景

・「点数推移」（H3～H17）に、1～4回目の点数をデータ範囲とした「折れ線」のスパークラインを挿入します。スパークラインにはマーカーを表示します。

・ワークシートの右側に、1～4回目の平均点、最高点、最低点をまとめた表を作成します。また、スパークラインを挿入して推移を示します。

・完成例を参考に罫線と書式を指定します。

Step 12　総合問題 **103**

＜手順＞

■ 左側にある表の編集

（1）B3 ～ B17 を選択し、［ホーム］タブにある「条件付き書式」から「上位／下位ルール」
→「平均より下」を選択します。続いて、書式に「濃い赤の文字、明るい赤の背景」
を指定します。

（2）B3 ～ B17 の範囲を選択して書式をコピーします。続いて、C3 ～ C17、D3 ～ D17、
E3 ～ E17 の範囲に、それぞれ書式を貼り付けます。
※ C3、D3、E3 のセルをそれぞれ選択し、書式を貼り付けます。

（3）F3 セルを選択します。［ホーム］タブにある「オート SUM」をクリックし、「B3 ～
E3 の範囲の合計」を求める関数「=SUM(B3:E3)」を入力します。

（4）G3 セルを選択し、F3 が 350 点以上の場合は「合格」、それ以外の場合は空白を表
示する関数 IF を入力します。
=IF(F3>=350," 合格 ","")

（5）H3 セルを選択し、［挿入］タブにある「折れ線」をクリックします。続いて、デー
タ範囲に B3 ～ E3 を指定し、スパークラインを描画します。

（6）H3 セルを選択し、［デザイン］タブにある「マーカー」をチェックします。

（7）F3 ～ H3 を選択し、17 行目までオートフィルでコピーします。

（8）G3 ～ G17 を選択し、［ホーム］タブにある「条件付き書式」から「セルの強調ルール」
→「文字列」を選択します。続いて、次のように「条件付き書式」を指定します。
条件：「合格」を含む
書式：濃い緑の文字、緑の背景

■ 右側にある表の編集

（1）J4 セルを選択し、［ホーム］タブにある「オート SUM」から「平均」を選択します。
平均する範囲には B3 ～ B17 を指定します。
=AVERAGE(B3:B17)

（2）J4 セルの小数点以下の表示桁数を 1 桁に変更します。

（3）J4 セルを選択し、K4 ～ M4 の範囲にオートフィルでコピーします。

（4）N4 セルを選択し、［挿入］タブにある「折れ線」をクリックします。続いて、デー
タ範囲に J4 ～ M4 を指定し、スパークラインを描画します。

（5）N4 セルを選択し、［デザイン］タブにある「マーカー」をチェックします。

（6）J9 セルを選択し、［ホーム］タブにある「オート SUM」から「最大値」を選択します。

範囲には B3 〜 B17 を指定します。

    =MAX(B3:B17)

（7） 手順（3）〜（5）と同様の操作を行い、「平均点」と同じ形式の表にします。

（8） J14 セルを選択し、[ホーム] タブにある「オート SUM」から「最小値」を選択します。
範囲には B3 〜 B17 を指定します。

    =MIN(B3:B17)

（9） 手順（3）〜（5）と同様の操作を行い、「平均点」と同じ形式の表にします。

■罫線と書式の指定

（1） A1 セルの書式を「フォント：サイズ 20pt、青」に変更します。

（2） G2 〜 G17 の範囲を選択し、「ホーム」タブにある「中央揃え」をクリックします。

（3） A2 〜 F17 の範囲を選択し、「ホーム」タブにある「書式」から「列の幅の自動調整」を選択します。

（4） H 列を選択し、「列の幅」を 15 にします。

（5） A2 〜 H17 の範囲を選択し、「ホーム」タブにある「罫線」から「格子」を選択します。

（6） A2 〜 H2 の範囲を選択し、次のように書式を指定します。

    フォント：太字
    配置：中央揃え
    塗りつぶしの色：青、アクセント 5、白＋基本色 80％

（7） [ホーム] タブにある「セルを結合して中央揃え」をクリックし、以下のセルを結合します。

    J2 〜 M2、N2 〜 N3、

    J4 〜 J5、K4 〜 K5、L4 〜 L5、M4 〜 M5、N4 〜 N5

（8） J2 〜 N5 の範囲を選択し、[ホーム] タブにある「罫線」から「格子」を選択します。

（9） J2 〜 N3 の範囲を選択し、次のように書式を指定します。

    フォント：太字
    配置：中央揃え
    塗りつぶしの色：青、アクセント 5、白＋基本色 80％

（10）J2 〜 N5 の範囲を選択して書式をコピーします。続いて、J7 〜 N10、J12 〜 N15 の範囲に、それぞれ書式を貼り付けます。

    ※ J7 〜 N10、J12 〜 N15 のセル範囲を選択し、書式を貼り付けます。
    ※ 結合セルがある場合は範囲を指定します。

（11）N列を選択し、「列の幅」を 15 に変更します。

12.5 総合問題 5

1. 「STEP12_ 入力 .xlsx」を開き、「STEP12_5」のシートを下図のように編集しましょう。

＜完成例＞

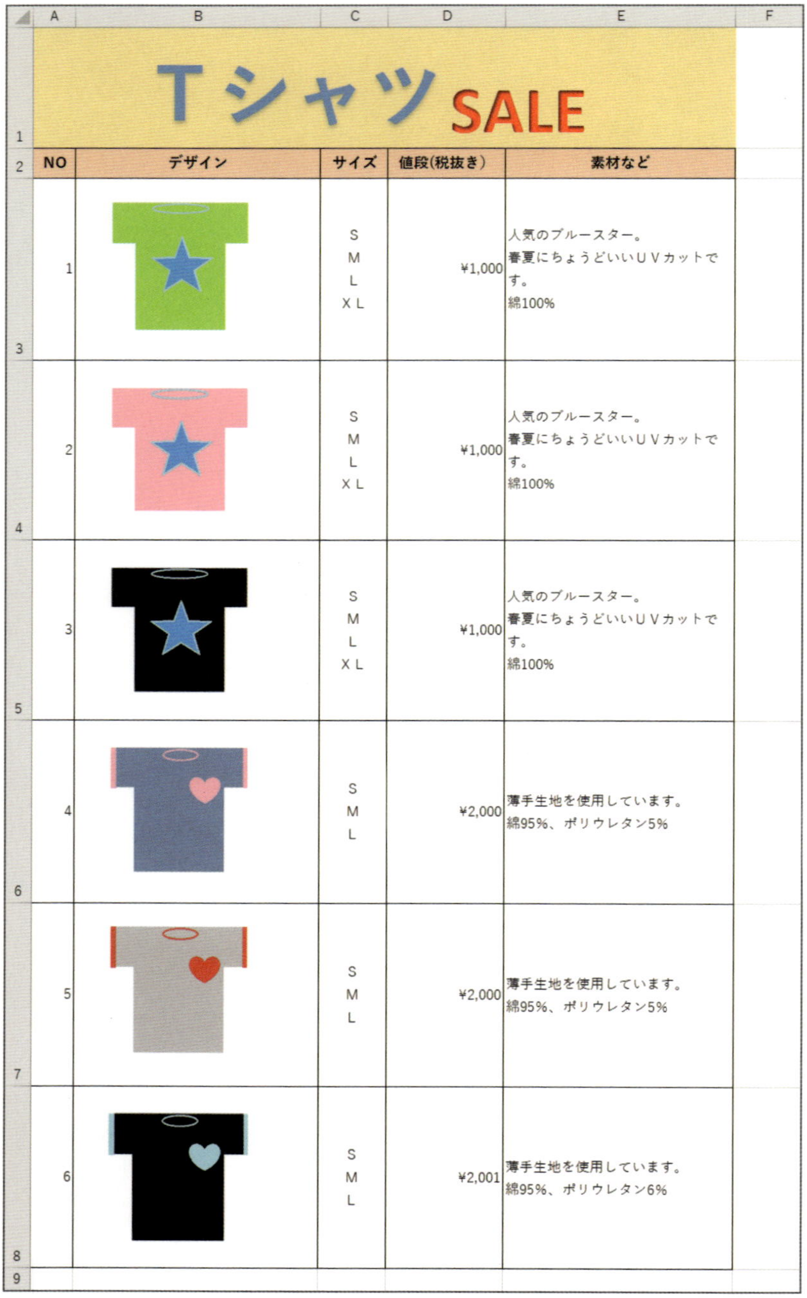

	NO	デザイン	サイズ	値段(税抜き)	素材など
	1		S M L X L	¥1,000	人気のブルースター。 春夏にちょうどいいＵＶカットです。 綿100%
	2		S M L X L	¥1,000	人気のブルースター。 春夏にちょうどいいＵＶカットです。 綿100%
	3		S M L X L	¥1,000	人気のブルースター。 春夏にちょうどいいＵＶカットです。 綿100%
	4		S M L	¥2,000	薄手生地を使用しています。 綿95％、ポリウレタン5％
	5		S M L	¥2,000	薄手生地を使用しています。 綿95％、ポリウレタン5％
	6		S M L	¥2,001	薄手生地を使用しています。 綿95％、ポリウレタン6％

106

（改ページプレビューで見た場合）

- 「列の幅」を次のように指定します。
  　　A列：5　　B列：32　　D列：15　　E列：30
- 「行の高さ」を次のように指定します。
  　　1行目：100　　2行目：25　　3～8行目：150
- 「デザイン」（B3～B8）にTシャツの画像（T1.png～T6.png）を挿入します。
- 「サイズ」（C3～C8）にS、M、Lなどの文字を入力します。それぞれのサイズは［Alt］＋［Enter］キーで改行します。
- 「値段（税抜き）」（D3～D8）に「通貨」の表示形式を指定します。
- 「素材など」（E3～E8）に「折り返して全体を表示」を指定します。
- 余白を狭くし、「印刷タイトル」の「タイトル行」に1～2行目を指定します。
- 完成例を参考に罫線と書式を設定します。
- タイトル行（A1～E1）のセルを結合し、背景色を設定します。また、「Tシャツ」と「SALE」ワードアートを挿入します。

＜手順＞

(1) 幅を変更する列を選択します。［ホーム］タブにある「書式」から「列の幅」を選択し、次のように幅を指定します。
　　A列：5　　B列：32　　D列：15　　E列：30

(2) 高さを変更する行を選択します。［ホーム］タブにある「書式」から「行の高さ」を選択し、次のように高さを指定します。
　　1行目：100　　2行目：25　　3～8行目：150

(3) ［挿入］タブにある「画像」をクリックし、B3 ～ B8 のセルに画像を挿入します。ハンドルをドラッグして各画像がセル内に収まるように配置します。

(4) C3 ～ C5 のセルに「ＳＭＬＸＬ」と入力します。また、C6 ～ C8 のセルに「ＳＭＬ」と入力します。それぞれのサイズが縦に並ぶように［Alt］＋［Enter］キーで改行し、配置を「中央揃え」に変更します。

(5) D 列の表示形式を「通貨」にします。

(6) E 列を選択し、［ホーム］タブにある「折り返して全体を表示する」をクリックします。

(7) A1 ～ E1 の範囲を選択し、［ホーム］タブにある「セルを結合して中央揃え」をクリックします。続いて、「塗りつぶしの色」に「ゴールド、アクセント 4、白＋基本 色 60％」を指定します。

(8) ［挿入］タブにある「ワードアート」をクリックし、好きなデザインを選択します。挿入されたワードアートに「SALE」と入力します。

   ※「ワードアート」コマンドは「テキスト」グループにあります。

(9) 「SALE」の文字を選択し、［書式］タブにある「文字の塗りつぶし」から「赤」を選択します。

(10) ［挿入］タブにある「ワードアート」をクリックし、好きなデザインを選択します。挿入されたワードアートに「Ｔシャツ」と入力します。

   ※「ワードアート」コマンドは「テキスト」グループにあります。

(11) 「Ｔシャツ」の文字を選択し、［ホーム］タブでフォントの書式を「サイズ 60pt、太字」に変更します。

(12) A2 ～ E2 の範囲を選択し、次の書式を指定します。

   フォント：サイズ 12pt、太字
   配置：中央揃え
   塗りつぶしの色：オレンジ、アクセント 2、白＋基本色 60％

(13) A2 ～ E8 の範囲を選択し、「格子」の罫線を指定します。

(14) ［ページ レイアウト］タブにある「余白」をクリックし、「狭い」を選択します。

(15) ［ページ レイアウト］タブにある「印刷タイトル」をクリックし、「タイトル行」に 1 ～ 2 行目を指定します。

(16) 画面表示を「改ページプレビュー」に切り替えて、改ページの位置を調整します。

ご質問がある場合は・・・

本書の内容についてご質問がある場合は、本書の書名ならびに掲載箇所のページ番号を明記の上、FAX・郵送・Eメールなどの書面にてお送りください（宛先は下記を参照）。電話でのご質問はお断りいたします。また、本書の内容を超えるご質問に関しては、回答を控えさせていただく場合があります。

情報演習 ㊺

留学生のための Excel ドリルブック

2019年11月10日　初版第1刷発行

著　者　横浜日本語倶楽部
発行人　石塚 勝敏
発　行　株式会社 カットシステム
　　　　〒169-0073 東京都新宿区百人町4-9-7　新宿ユーエストビル8F
　　　　TEL　（03）5348-3850　　FAX　（03）5348-3851
　　　　URL　http://www.cutt.co.jp/
　　　　振替　00130-6-17174
印　刷　シナノ書籍印刷 株式会社

　　　本書の内容の一部あるいは全部を無断で複写複製（コピー・電子入力）することは、法律で認められた場合を除き、著作者および出版者の権利の侵害になりますので、その場合はあらかじめ小社あてに許諾をお求めください。

本書に関するご意見、ご質問は小社出版部宛まで文書か、sales@cutt.co.jp 宛に e-mail でお送りください。電話によるお問い合わせはご遠慮ください。また、本書の内容を超えるご質問にはお答えできませんので、あらかじめご了承ください。

Cover design Y.Yamaguchi　　　　　　　　　　Copyright©2019　横浜日本語倶楽部
Printed in Japan　ISBN 978-4-87783-798-3

ポイントをしぼったステップ学習

30ステップで基礎から実践へ！
ステップバイステップ方式で確実な学習効果をねらえます

留学生向けのルビ付きテキスト（漢字にルビをふってあります）

情報演習Ⓒステップ30
留学生のためのタイピング練習ワークブック Windows 10 版　　ISBN978-4-87783-800-3／本体 800 円

情報演習㊵ステップ30　Word 2016 ワークブック　本文カラー　ISBN978-4-87783-803-4／本体 900 円

情報演習㊶ステップ30　Excel 2016 ワークブック　本文カラー　ISBN978-4-87783-804-1／本体 900 円

情報演習㊷ステップ30
留学生のための PowerPoint 2016 ワークブック　本文カラー　ISBN978-4-87783-805-8／本体 900 円

情報演習㊹　留学生のための Word ドリルブック　本文カラー　ISBN978-4-87783-797-6／本体 900 円

情報演習㊺　留学生のための Excel ドリルブック　本文カラー　ISBN978-4-87783-798-3／本体 900 円

情報演習㊻　留学生のための PowerPoint ドリルブック　本文カラー　ISBN978-4-87783-799-0／本体 900 円

大判本 A4判　情報演習㊸ステップ30
留学生のための Python ［基礎編］ワークブック　　ISBN978-4-87783-806-5／本体 900 円

タッチタイピングを身につける

情報演習Ⓑステップ30
タイピング練習ワークブック Windows 10 版
ISBN978-4-87783-838-6／本体 800 円

Office のバージョンに合わせて選べる

情報演習㉑ステップ30
Excel 2010 ワークブック
ISBN978-4-87783-826-3／本体 800 円

情報演習㉒ステップ30
PowerPoint 2010 ワークブック
ISBN978-4-87783-827-0／本体 800 円

情報演習㉓ステップ30
Word 2013 ワークブック
ISBN978-4-87783-828-7／本体 800 円

情報演習㉔ステップ30
Excel 2013 ワークブック
ISBN978-4-87783-829-4／本体 800 円

情報演習㉕ステップ30
PowerPoint 2013 ワークブック
ISBN978-4-87783-830-0／本体 800 円

情報演習㉖ステップ30
Word 2016 ワークブック　本文カラー
ISBN978-4-87783-832-4／本体 900 円

情報演習㉗ステップ30
Excel 2016 ワークブック　本文カラー
ISBN978-4-87783-833-1／本体 900 円

情報演習㉘ステップ30
PowerPoint 2016 ワークブック　本文カラー
ISBN978-4-87783-834-8／本体 900 円

Photoshop を基礎から学習

情報演習㉚ステップ30
Photoshop CS6 ワークブック
ISBN978-4-87783-831-7／本体 1,000 円　本文カラー

ホームページ制作を基礎から学習

情報演習⑬ステップ30
（新）JavaScript ワークブック
ISBN978-4-87783-817-1／本体 800 円

情報演習⑭ステップ30
HTML5 & CSS3 ワークブック
ISBN978-4-87783-821-8／本体 900 円

コンピュータ言語を基礎から学習

情報演習㉛ステップ30
Excel VBA ワークブック
ISBN978-4-87783-835-5／本体 900 円

情報演習㉜ステップ30
C 言語ワークブック 基礎編
ISBN978-4-87783-836-2／本体 900 円

情報演習⑥ステップ30
C 言語ワークブック
ISBN978-4-87783-820-1／本体 800 円

情報演習⑦ステップ30
C++ ワークブック
ISBN978-4-87783-822-5／本体 800 円

情報演習⑧ステップ30
Java ワークブック
ISBN978-4-87783-824-9／本体 800 円

情報演習㉝ステップ30
Python ［基礎編］ワークブック
ISBN978-4-87783-837-9／本体 900 円

ローマ字一覧

あ行

あ	A
い	I
う	U
え	E
お	O
ぁ	X A
ぃ	X I
ぅ	X U
ぇ	X E
ぉ	X O

か行

か	K A
き	K I
く	K U
け	K E
こ	K O
きゃ	K Y A
きゅ	K Y U
きょ	K Y O

さ行

さ	S A
し	S I
す	S U
せ	S E
そ	S O
しゃ	S Y A
しゅ	S Y U
しょ	S Y O

た行

た	T A
ち	T I
つ	T U
て	T E
と	T O
ちゃ	T Y A
ちゅ	T Y U
ちょ	T Y O

な行

な	N A
に	N I
ぬ	N U
ね	N E
の	N O
にゃ	N Y A
にゅ	N Y U
にょ	N Y O

は行

は	H A
ひ	H I
ふ	H U
へ	H E
ほ	H O
ひゃ	H Y A
ひゅ	H Y U
ひょ	H Y O

ま行

ま	M A
み	M I
む	M U
め	M E
も	M O
みゃ	M Y A
みゅ	M Y U
みょ	M Y O